本书受"兰州财经大学学术文库"专著出版资助项目和甘肃省高校教师创新基金项目"甘肃省新型农村集体经济发展路径与支持政策研究"（2024A068）资助出版

HULIANWANG JISHU YINGYONG
DUI NONGCUN JUMIN FUZHI DE
YINGXIANG YANJIU

互联网技术应用
对农村居民福祉的影响研究

王海英◎著

中国财经出版传媒集团

经济科学出版社

Economic Science Press

·北京·

图书在版编目（CIP）数据

互联网技术应用对农村居民福祉的影响研究／王海
英著．-- 北京：经济科学出版社，2024．11．-- ISBN
978 - 7 - 5218 - 6043 - 6

Ⅰ．F323.89 - 39

中国国家版本馆 CIP 数据核字第 2024137U1V 号

责任编辑：汪武静
责任校对：蒋子明
责任印制：邱　天

互联网技术应用对农村居民福祉的影响研究

王海英　著

经济科学出版社出版、发行　新华书店经销

社址：北京市海淀区阜成路甲 28 号　邮编：100142

总编部电话：010 - 88191217　发行部电话：010 - 88191522

网址：www.esp.com.cn

电子邮箱：esp@ esp.com.cn

天猫网店：经济科学出版社旗舰店

网址：http://jjkxcbs.tmall.com

固安华明印业有限公司印装

710 × 1000　16 开　13.25 印张　200000 字

2024 年 11 月第 1 版　2024 年 11 月第 1 次印刷

ISBN 978 - 7 - 5218 - 6043 - 6　定价：68.00 元

（图书出现印装问题，本社负责调换。电话：010 - 88191545）

（版权所有　侵权必究　打击盗版　举报热线：010 - 88191661

QQ：2242791300　营销中心电话：010 - 88191537

电子邮箱：dbts@ esp.com.cn）

前言
PREFACE

科技进步是经济发展的重要动力，经济发展的目的就是增进人类福祉。当下赋能乡村振兴最具价值的工具应该是互联网信息技术，其使农村经济社会迎来深刻变化。而互联网技术的广泛应用对农村居民福祉带来了怎样的影响，其内在机理如何？在乡村振兴中农村应用互联网技术如何扬长避短？回答这些问题形成了本书的研究主题，即互联网技术应用对农村居民福祉的影响。本书整体的思路是，首先界定福祉概念，梳理和构建相关理论基础；其次将互联网发展嵌入农村居民福祉的变化中进行特征事实分析；再次在此基础上分别讨论互联网技术应用对农村居民主、客观福祉的影响；最后提出相关对策建议。

本书的研究内容包括四个方面：其一，在梳理福祉内涵和相关理论的基础之上，从多个维度阐述农村居民福祉变迁的特征事实。基于理论分析框架和特征事实，明确互联网技术应用是如何影响农村居民福祉的。其二，基于森的可行能力框架构建评价指标体系，测度 2007~2018 年农村居民客观福祉，分析其时序变化及地区差异演化。其三，考察互联网发展对农村居民客观福祉的促进（或阻碍）作用。进一步地，通过地区子样本和客观福祉子维度探讨模型具备的异质性问题。此外，考察互联网发展对农村居民客观福祉带来的空间外溢效应及非线性特征。其四，利用 2014～2018 年中国家庭追踪调查（China family panel studies，CFPS）微观调查数据，考察互联网使用对农村居民主观福祉的边际影响及作用机制。

研究发现：（1）农村互联网普及率在近十年迅速提高，城乡差距显著缩小。农村居民主观福祉在 2005～2017 年呈现逐年递增趋势。女性、高学历、高收入的农村居民拥有较高主观福祉。使用收入、就业、公共品供给和生态环境等对客观福祉进行初步分析，显示其改善明显。通过案例分析，发现互联网技术应用有助于提高收入，提升医疗服务质量，改善人居环境，进而提升福祉。（2）2007～2018 年，我国农村居民客观福祉指数平稳上升，各功能维度福祉指数也均呈上升趋势。从绝对差异来看，呈"东部＞东北＞中部＞西部"的分梯度规律，但中部、西部地区客观福祉水平增长"赶超趋势"明显。客观福祉区域内差异东部地区最为突出，东部、中部、西部地区区域内差异逐年缩小，东北地区差距则逐渐增大。区域间差异也呈递减态势，东部—西部区域间差距最大。农村居民客观福祉区域总体差异的主要来源是区域间差异，其次是区域内差异，最后为超常密度。（3）农村居民客观福祉具有空间相关性，高福祉区主要分布在东部地区，中西部及东北地区省份是中福祉区的主要来源，低福祉区主要由西部省份构成。互联网发展有利于提升农村居民客观福祉，且此种影响存在空间溢出效应。其主要通过网络效应、示范效应和信息效应等渠道对邻近地区农民客观福祉产生影响。同时，二者之间还存在单一门槛效应。当互联网普及率高于门槛值时，互联网使用会导致客观福祉更多地提升。（4）互联网使用可以提升农村居民感受幸福的概率，其中学习和工作用途作用最为显著。异质性分析表明，互联网使用对女性、老年人、低教育水平、低收入的"弱势群体"能产生更高的福利效应。机制分析中，认知层面，互联网发挥技术效应，通过积累社会资本及改变传统行为来提升生活满意度，进而提升主观福祉。情感层面，互联网通过发挥信息效应，提升感受积极情绪的概率，同时降低出现消极情绪的概率，进而增进主观福祉。

相较以往研究，本书的创新点有：其一，将互联网技术进步因素纳入农村居民福祉研究视野，并将福祉分为主、客观两个角度分别进行考察，是种新的尝试；其二，拓展了研究内容，发现互联网技术应用对农村居民客观福祉的影响路径，并从认知和情感两个维度探讨互联网使用如何改变其主观福祉；其三，进一步挖掘研究素材，对深化本领域研究具有边际贡献。本书尝试使用多期 CFPS 数据构建计量模型，讨论互联网使用对农村居民主观福祉的影响。在量化研究之外，采取基于案例的质性研究，二者交互使用有利于清晰地洞察互联网对农村居民福祉的影响。

基于研究结论，提出以下政策启示：其一，农村发展目标应坚持福祉导向，选择高质量的发展路径；其二，重视农村居民客观福祉的区域与空间差异，实施东中西均衡发展政策；其三，优化乡村振兴投资方向，发挥互联网基础设施和农村人力资本的决定性作用；其四，丰富互联网应用场景，多渠道提升农村居民福祉；其五，完善互联网综合治理体系，营造健康的互联网环境。

Contents 目录

第1章

绪　论

选题背景与研究意义

1.1.1　选题背景

　　自文艺复兴以来，人文主义的兴起将人类社会从过去以神为中心的社会转变为以人为中心的社会，维护人性尊严，追求人生幸福成为新的价值准则。思想启蒙催生了第一次工业革命，进而极大地改变了人类的生活。然而，一个逆向因果的逻辑由此展开，因启蒙运动诱发的工业革命是否符合其本身的价值准则？换言之，技术革新是否真的有助于人类实现自身的关于尊严和幸福的价值目标？技术进步为我们获得财富、安全、健康提供了源泉，但不能忽视的是，新的技术也让家庭结构和社会结构发生了翻天覆地的变化，人们观察和感知世界的方式都随着技术的革新而不断演进。技术进步是改善还是恶化了人们幸福感受，与此相关的一个命题被称为伊斯特林悖论，即收入的增加并未带来幸福水平的持续提升。相较于收入，技术进步是一个更本质的概念，这体现为它不仅是收入增长的决定因素之一，还表现为其对人们原有行为方式、思考模式的冲击和重塑。不同于收入变量，技术进步可能通过改变人们固有价值体系的方式来影响其价值判断。这里，研究技术进步与福祉的因果关系将会成为一个科学命题：一方面，对人类福祉这一目标函数的关注将有助于反思技术进步的方向以及相应的伦理边界；另一方面，技术进步可能通过改变评价标准的方式影响福祉的内涵，这表明价值判断应该是动态演化而非一成不变的。

改革开放以来，中国经历了一个长时段的高速增长过程，被学者们誉为中国奇迹（NG，1996）。然而，宏观经济层面的增长并未直接带来个人层面幸福感的改善（陈刚等，2012），在此背景下，政府开始调整目标以扭转幸福感跌落的局面。党的二十大报告提出，"为民造福是立党为公、执政为民的本质要求。必须坚持在发展中保障和改善民生，鼓励共同奋斗创造美好生活，不断实现人民对美好生活的向往"。这些论述均表明，过去片面追求"GDP增速"的目标已经让位于"实现幸福"的新目标。

就中国的实际而言，农村相对贫穷落后，如何提升农村居民幸福感是实现中国梦的重点和难点所在。2020年中国已经消除了绝对贫困，满足了基本"衣食住行"需求的农村居民如何追求更幸福的"好日子"将成为一个新的课题。2021年中央一号文件《中共中央 国务院关于全面推进乡村振兴加快农业农村现代化的意见》指出："实施数字乡村建设发展工程。推动农村千兆光网、第五代移动通信（5G）、移动物联网与城市同步规划建设。"互联网技术在农村地区的广泛应用将带来影响深远：电子商务的使用一方面为农户创造了更多增收渠道，另一方面可以扩展其消费商品集合；即时通信工具（如微信）和搜索引擎的使用带来了更多的信息资讯，提升认知能力；娱乐应用如视频软件、音乐软件的使用丰富了消遣活动。2015年，习近平提出构建网络空间命运共同体。这一论述表明，互联网将在人民生活中扮演重要的角色。随着互联网技术的进一步革新，势必会更深刻地影响农村居民的生活方式及思维习惯，进而对其福祉产生影响。从这个角度来看，探讨互联网技术应用对农村居民福祉的影响具有重要意义，因为对该命题的研究不仅有利于找到提升农村居民福祉的工具，还有助于理解新技术的运用到底通过何种途径影响福祉。

1.1.2 研究意义

2015 年，习近平总书记在第二届互联网大会开幕式上指出：每一次产业技术革命，都给人类生产生活带来巨大而深刻的影响。① 我们的目标，就是要让互联网发展成果惠及 13 多亿中国人民，更好造福各国人民。现如今，互联网已经成为一股强有力的力量，深刻地影响着人们的生活方式以及价值判断。居民福祉可以用来衡量个人幸福感，同时也是评判一个国家整体福利的有效指标（Frey et al., 2002）。对我国而言，巨大的城乡差距意味着要想真正实现中国梦，完成中华民族伟大复兴，农村以及农村居民的发展至关重要。在新的历史起点，研究以互联网为代表的新兴技术如何影响农村居民福祉将具有重要意义。具体来看有三个重要方面。

第一，互联网在最近十年迎来高速发展，在农村地区的兴起则更晚一些。在新常态背景下，互联网的使用将是推动未来农村发展的关键要素。回顾互联网在农村地区的发展过程，明晰上网居民的个体特征将有利于理解农村居民与互联网的相互作用过程，从而更好地引导农村居民使用互联网。

第二，随着互联网在农村居民生活中的使用频率越来越高，势必也会在农村居民福祉中扮演越来越重要的角色。厘清其中的作用机制，将有助于制定提升农村居民福祉的相关政策，从而真正实现以人为本的发展目标。

---

① 习近平在第二届世界互联网大会开幕式上的讲话［N］. 中国政府门户网站，www. gov. cn. 2015 - 12 - 16.

　　第三，在经济学领域，学者们更加关注收入、失业、婚姻、健康、经济政治环境以及公共政策等对居民福祉的影响，较少研究技术进步对居民福祉的影响。事实上，技术进步将会带来制度、文化、信念、行为习惯等诸多改变，而这些改变又将综合起来定义新的福祉概念。关注互联网对农村居民福祉的影响，是对现有文献的有效补充，因而具有理论意义。

1.2 ▶ 文献综述

1.2.1　福祉的相关研究

　　对于早期的学者而言，福祉通常被认定为一种幸福（Diener et al.，1984），对幸福的研究等同于福祉的研究。对功利主义学派而言，快乐和免除痛苦是作为目的的唯一值得欲求的事情。功利主义理论中，效用取代了幸福，并成为新古典经济学最为重要的概念之一。边沁最为重要的口号便是：合意的社会政策应该是最大化所有人的最大效用（幸福）。这样一来，社会目标函数便可以从方法论的个人主义推导出来。作为伦理学者的摩尔批评了边沁的理论，他认为：边沁关于幸福的主张仅仅以量为根据。经济学家试图把幸福简单地折合为可以运算的量，而忽视了人类幸福不单表现为量的增长，更表现为质的发展。从某种程度上看，摩尔对幸福的定义更偏向序数效用论，他认为幸福是不可定义的，是千差万别的，而且是最原初的、不能再分解的概念（摩尔，2005）。康德也有类似的定义：关于幸福，过去没有一般原则，现在也没有可以据此指导立法的原则。对幸福的看法随时代而变，每个人都可以在不损害他人幸福的前提下自由地追求自己的幸福（康德，2016）。显然，该定义更像是福利经济学第一定律的思想提炼。效用或幸福的不可比性和复杂性是该类定义的关键所在。

随着时间的演进，一些关于福祉理论的更为规范的研究开始出现，其中谷尔堡（Gulboa et al.，1995）的研究最具代表性。他们的模型基于行为科学的假设，试图回答这样一个问题：对于个人而言，了解什么值得追求才是最高的幸福，而这需要一个认知过程。从认知出发，他们论证了影响幸福的三个行为要素，其一是个人的历史，其二是同伴效应，其三是不确定因素。在一系列假设条件下，他们证明存在一个可以比较不同幸福状态的效用函数。不同于行为经济学，森（Sen，2001）从信息基础的角度研究了幸福。其认为，如果将幸福定义为快乐或者痛苦的心理状态会带来信息基础的问题：如何测度个体的心理状态，如何人际比较，如何加总个体幸福？他强调了利用收入改善福祉所面临的约束条件，并认为可行能力才是实现自由和幸福的重要环节，该能力是指可以实现的各种可能的功能组合。

国内学者更倾向从实践的角度研究福祉。总的来看，国内学者关于福祉的定义有两类：其一，把福祉视为一系列生活质量要素的有机整合（李惠梅等，2013；白描，2015；张宇燕等，2020）。其二，直接将福祉等同于幸福感（范如国等，2012）。有意思的是，两类文献有着非常鲜明的研究路径。就前者而言，福祉指标的构建相对复杂，学者们关注的焦点主要在于何种指标更能反映福祉状态，指标选择及加权方法是重点所在。对后者而言，由于幸福感定义比较直接，学者们关注的重点在其影响因素上。具体来看，在福祉指标体系的构建中，就业、收入分配、贫困等维度的基础指标大都被包含其中（纪竹苏，2003；赵彦云等，2006；王国新，2009；牛千，2018）。这里，新文献的边际贡献仅在于增加某个别人未曾考虑的指标，让福祉指标更具普遍意义。此外，若将福祉等同于主观幸福感，学者们感兴趣的通常是其影响因素。最为重要的影响因素当然是收入，但其对幸福感的影响并不明确。一些学者认为收入可以显著提升居民幸福感（朱建芳等，2009；罗楚亮，2009；夏伦，2014；许海平等，2020），不过，另外一些证据却表明，当控制更多个人特征变量后，收入特别是绝对收入对幸福感并无显著影响（谢识予等，2010；官皓，2010）。二者之外，有学者考虑了收入与幸福感的非线性关系，田国强等（2006）的研究表明，收入与福祉存在倒"U"形关系。除了收入，个体特征也是其的一个重要影响因素。大量研究表明，相比于受教育水平较低的个体，更高教育水平的个体幸福感往往更高（黄嘉文，2013；徐曼等，2015），同时，当政府治理效率提升，财产保护权利变强以及公共支出增加时，居民福祉均会提升（陈刚等，2012；陈工等，2016；宣烨等，2016；臧敦刚等，2016）。

1.2.2 互联网对居民福祉的影响研究

随着技术更新的加速以及普及率的不断攀升，互联网已成为推动经济增长的重要动力（Madden et al.，1997；刘海二，2014；蔡跃洲等，2015）。经济合作与发展组织（OECD，2012）认为互联网正逐渐成为一个国家的核心竞争优势之一。除了经济增长，学者们已经意识到，互联网对人们的生活方式也带来了广泛影响。例如互联网的使用提高了飞机准点率，互联网使用有助于女性在自然科学方面取得成就等。在微观层面，学者们也开始更多地关注互联网对居民福祉的影响，不过并未得到一致结论。

正面的观点认为，互联网的使用可以提升居民福祉。格拉汉姆（Graham et al.，2013）利用盖洛普世界民意调查数据发现，新兴互联网技术对居民主观幸福感起到了正面作用。使用脸谱（Facebook）可以积累社会资本，从而提升居民主观幸福感。另外，互联网还可以通过增加社交活动、扩展消费路径、增进情感交流以及降低交易费用等形式提升居民福祉（Uhlaner，1989；Becchetti et al.，2008；Cilesiz，2008）。一些针对特定人群的研究表明，互联网可以提升老年人幸福感，使自闭症患者拥有更高的满意度和幸福感（Shapira et al.，2007；Ward，2016）。近年来国内的相关研究也在逐渐增多。苏振华和黄外斌（2015）使用 CGSS2010 年的数据，发现互联网使用会提高民众的公平感、政治参与意识，更能宽容、平等对待他人的行为。祝仲坤和冷晨昕（2018）使用 CSS2013 年的数据，结合 Bioprobit 模型与 CMP 模型，发现互联网使用对居民幸福感有显著的正向作用，并且对农村居民的影响大于城镇居民。还有学者利用 CFPS 研究互联网对居民幸福感的影响，发现其正向作用十分显著。互联网产生了信息福利效应，其信息搜寻和传播功能是其最重要的作用机制。另外，互联网明显降低了收入对于主观幸福感的促进作用。进一步地，互联网可以改变居民的主观标准，降低了物质收入在主观福祉中所占权重（周广肃等，2017；鲁元平等，2020）。

另一种观点认为，互联网的使用对居民福祉产生负面影响。梁等（Leung et al.，2004）发现经常使用互联网会降低个体对更高生活质量的追求，同时导致更加严重的拖延症，最终降低生活满意度。另外，互联网会增加人们的收入关注度，相对收入的比较会降低居民幸福感（Clark et al.，2011）。萨巴蒂尼等（Sabatini et al.，2017）和聂等（Nie et al.，2016）分别利用意大利和中国的数据发现互联网降低了社会信任，对居民幸福感产生了消极影响。格拉汉姆（Graham et al.，2013）发现互联网容易让人上瘾，形成孤僻性格，进而对居民福祉产生负面影响。许多研究强调了互联网对居民心理健康的影响，认为过度上网会降低现实中人们的相互交往频率，增加孤独感，产生抑郁情绪，最终导致其幸福感下降（Kraut et al.，1998；Chen et al.，2002；Frey et al.，2007；Kraut et al.，2015）。陈思宇等（2016）发现，互联网对个人价值观产生显著影响，它降低了个人对努力程度的认可度，取而代之的是对家庭及社会关系的认可。更具体地，互联网主要在娱乐应用方面传递了负面价值观，但其在工作与学习场景中能够提供更加正面的价值观。

1.2.3 互联网对农村居民福祉的影响研究

近年来，互联网在农村的普及率日渐提高，越来越多学者开始关注互联网使用对农村居民的影响。张永丽等（2019）基于 2017 年在甘肃省贫困村的调查数据，发现互联网是贫困户的有效增收途径。刘晓倩等（2018）利用 CFPS2014 数据，结合内生转换模型，发现互联网可以通过提高农产品增加值、增加工资性收入以及提高创业机会来增加农村居民收入。柳松等（2020）重点关注了农村居民的信贷获得水平，他们发现互联网使用对农村居民信贷获得有正面影响，既可以提升其信贷可得性，也可以提高信贷额度。他们认为，提升农村地区互联网覆盖率是帮助农户脱贫的重要手段。另外一些学者基于案例研究，同样发现互联网对农村居民收入存在正面影响（Zhao et al.，2006；Xia，2010）。另外，还有一些学者利用微观调查数据，直接讨论了互联网对农村居民幸福感的影响。马军旗等（2018）利用 CFPS2014 数据，发现互联网通过网络学习和休闲娱乐两类渠道提升了农村居民幸福感。冷晨昕等（2018）也有类似的结论，他们发现掌握互联网技能的农村居民有更强的幸福感体验，其作用机制是互联网的休闲娱乐功能。张京京等（2020）将互联网使用区分为生活性使用和生产性使用，他们利用 2018 年 CFPS 数据发现，无论处于哪种使用形态，互联网都显著提升了农村居民的幸福感，不过互联网的生活性功能对农村居民幸福感的影响更大。

已有文献虽然已经探讨了互联网使用对农村居民福祉的影响，但仍存在一些有待改进的地方：首先，学者们较多关注互联网对主观福祉（通常用幸福感衡量）的影响，而相对忽略了对客观福祉的影响。目前，在经济学领域虽然已存在探讨互联网对居民主观福祉影响的研究，但或许是中国互联网起步相对较晚的原因，国内研究该命题的文献相对偏少，在为数不多的文献中，可以看到，互联网的使用对居民主观福祉大都起到了正面影响。学者们更关注收入、失业、婚姻、健康、经济政治环境以及公共政策等对居民主观幸福感的影响,对技术进步的关注较少,既有的文献大多以收入,或从互联网应用类别及技能视角探究互联网影响农村居民主观幸福感的路径,分析视角相对狭窄。其次,现有的文献大都使用了截面数据研究互联网对农村居民福祉的影响。截面数据的一个缺点是无法控制时间趋势。由于互联网技术的发展非常迅猛,在中国农村的普及速度也非常之快,故不同年份的数据可能带来完全不同的估计结果。比较之下,包含了时间效应的面板数据或许将是一个更好的选择。最后,以往对于互联网对福祉的实证研究大多运用传统的计量经济学模型进行实证,其无法捕捉来自周边地区的空间溢出效应,这是因为传统计量往往假设空间的分布是均质的,但互联网技术应用对福祉的影响可能在地理上存在空间相关性,若忽视了空间因素的影响,将无法实现无偏估计。运用空间计量模型可以克服传统计量的这一缺陷。同时由于互联网发展程度等门槛变量均会对农村居民福祉带来不同影响,这意味着互联网技术应用对福祉的影响除具有空间效应外,可能还存在门槛效应。

1.3 研究内容

本书将农村居民福祉区分为客观福祉和主观福祉两个维度,并深入探讨了互联网技术应用对二者的影响及其作用机制。

第 1 章为绪论。主要交代本书的选题背景、研究意义,在文献综述的基础上,确定本书的研究内容、研究方法。

第 2 章为理论基础与分析框架。在用述论结合的方式回顾了福祉经济学的研究进展的基础上,澄清了本书所涵盖的相关重要概念,明确本书的研究起点,同时对研究所涉及的有关理论进行梳理,为后面的研究奠定基础。

第 3 章为农村居民互联网技术应用:福祉变迁的特征事实。首先,通过相关数据展现农村互联网发展的基本情况,为理解农村互联网发展提供基本参照。其次，进一步细化现状，从农村互联网普及率、农村网民的个体特征以及农村居民的上网行为等多个层面考察农村互联网的特征事实。再次，分析农村居民主客观福祉变迁情况。最后，通过典型案例的方式，明晰互联网技术应用影响农村居民福祉的经验事实，为后面的理论分析与实证研究提供基础。

第 4 章为互联网技术应用对农村居民福祉的影响机制分析。借助森（Sen）的可行能力框架，从基础功能、发展功能和可持续功能三个方面讨论农村居民客观福祉。接下来，深入分析互联网技术应用是如何影响农村居民客观福祉的基础功能、发展功能以及可持续功能，进而影响其客观福祉的。主观福祉方面，在厘清其概念的基础上，从概念定义出发，将其拆分为认知和情感两个维度。接下来从技术效应和信息效应两个渠道出发，讨论互联网是如何在农村居民主观福祉的认知和情感两个维度发挥作用，进而影响主观福祉的。

第 5 章为农村居民客观福祉的测度分析，构建客观福祉评价体系测度农村居民客观福祉水平。利用全局主成分分析法（GPCA），测算 2007 ~ 2018 年各省农村居民的客观福祉水平，同时运用达岗姆（Dagum）基尼系数探究农村居民客观福祉水平的时序变化、区域差异及成因。

第 6 章为互联网技术应用对农村居民客观福祉影响的实证研究。使用计量模型，从线性和非线性两个视角，研究农村互联网技术应用对农村居民客观福祉的影响。

第 7 章为互联网技术应用对农村居民主观福祉影响的实证研究。基于互联网技术应用影响农村居民主观福祉的理论分析，使用多期中国家庭追踪调查（CFPS）微观数据，运用有序概率模型（Ordered probit）考察上网行为对农村居民主观福祉的影响。结合个体特征，讨论不同性别、年龄、教育水平、收入水平、家庭规模的农村居民使用互联网对主观福祉的影响。同时进一步地，考察互联网提升农村居民主观福祉的作用机制。

第 8 章为研究结论与政策建议。根据前面的研究结果，提出提升农村居民福祉的相关政策建议。

1.4 ▶ 研究方法与数据来源

1.4.1 研究方法

(1) 文献研究法

使用文献研究法来梳理过去已有的福祉理论,包括旧福利经济学、新福利经济学和幸福经济学等。通过对已有理论的梳理和评价进一步明晰本书所使用的概念,借鉴前人经验的同时也总结出已有研究的可改进之处。

(2) 质性研究法

使用质性研究方法来描述特征事实。该方法强调分析性叙述的研究范式。尽可能收集相关数据,以求相对准确地还原农村互联网发展以及农村居民福祉的特征事实。另外,运用经济学理论对特征事实进行分析以帮助我们深入理解其本质。

(3) 量化研究法

运用两步全局主成分法(GPCA)测算了农村居民客观福祉及时序变化特征,同时使用达岗姆(Dagum)基尼系数测算地区差异,分析其动态演及成因,同时通过 k-means 聚类分析和 *Moran's I* 指数等方法考察农村居民客观福祉水平的空间分布格局及空间相关性问题。此外,运用现代计量方法,深入考察互联网对农村居民福祉的影响。在客观福祉维度方面,结合空间杜宾模型和面板门槛模型考察互联网发展对农村居民客观福祉的影响。主观福祉方面,利用 ordered probit 模型估计了互联网使用对农村居民主观福祉的影响稳健起见,使用条件混合过程方法(conditional recursive mixed-process，CRMP）重新估计模型。

1.4.2 技术路线

本书的技术路线如图 1 - 1 所示。

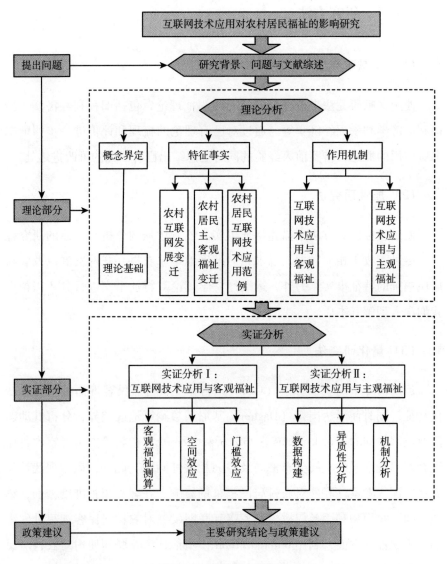

图 1 - 1 研究的技术路线

1.4.3　数据来源

（1）中国综合社会调查（Chinese general social survey，CGSS）

该数据由中国人民大学中国调查与数据中心（national survey research center at Renmin University of China，NSRC）提供，是本书的重要数据来源，用以刻画农村居民主观福祉的动态变化过程。该调查始于 2003 年，系统、全面地收集社会、社区、家庭、个人多个层次的数据。该调查公布的数据从 2003 年持续到 2018 年，因而可以较好地描述进入 21 世纪后农村居民主观福祉的变迁过程。

（2）中国家庭追踪调查（China family panal studies，CFPS）

中国家庭追踪调查（CFPS）由北京大学实施，是一项全国性、综合性的社会追踪调查项目，其调查数据可以反映中国社会各变量变迁。CFPS 的目标样本规模为 16000 户，该调查于 2010 年启动，此后又分别于 2012 年、2014 年、2016 年和 2018 年开展了四轮全样本追踪调查。CFPS 基线样本覆盖 25 个省（区、市），代表了中国 95% 的人口。对本书而言，该调查同时提供了农村居民主观福祉以及个体使用互联网的情况，因此可以用来评估互联网使用对农村居民主观福祉的影响。

（3）宏观层面的统计数据

除了上述的微观调查数据，本书还用了一系列宏观数据。主要包括《中国统计年鉴》《中国卫生健康统计年鉴》《中国环境统计年鉴》《中国教育经费统计年鉴》《中国城乡建设统计年鉴》《中国交通年鉴》《中国劳动统计年鉴》《中国民政统计年鉴》《中国环境统计年鉴》《中国金融统计年鉴》《中国科技统计年鉴》以及各省（区、市）统计年鉴与统计公报等。

1.5 ▶ 主要创新点

过去的文献较少探讨互联网技术应用对农村居民福祉的影响，本书围绕互联网技术应用对农村居民福祉的影响展开，创新点主要体现在以下三个方面。

其一，将互联网技术进步因素纳入农村居民福祉研究视野，着重讨论了互联网技术应用对农村居民主、客观福祉的影响。已有文献讨论了互联网对居民个人幸福感等主观福祉的影响，但较少研究涉及客观福祉。本书将福祉分为客观福祉和主观福祉分别进行考察，是对现有研究的有效补充。另外，主观福祉和客观福祉分别对应着新福利经济学和旧福利经济学，依赖于两种福利理论的实证研究弥补了二者的缺陷，对个体福祉和整体福祉均有较好的解释力，从而加深了对该问题的理解。

其二，拓展了研究内容。首先，本书将客观福祉分为三个功能维度，进一步构建了由 6 个分层面能力指标、36 个基础指标组成的客观福祉评价指标体系，研究结果较好地反映了我国农村居民客观福祉水平的各个主要方面，且依据 3 个功能维度评价对农村居民客观福祉的意义作了解释。其次，研究发现互联网技术应用对农村居民福祉影响路径。本书引入空间计量理论，利用空间杜宾模型，讨论了互联网信息技术应用可能带来的外溢效应，这有助于理解互联网所特有的范围经济特征是如何发挥作用的。同时，从非线性视角，运用面板门槛模型，考察互联网发展对农村居民客观福祉的影响机制。此外，从认知和情感两个维度来探讨互联网发展是如何改变农村居民主观福祉的。

其三，整合更多数据与案例，对研究素材加以挖掘，对深化本领域研究具有边际贡献。已有的关于互联网的研究中，大都只使用了单期截面数据，其不足之处在于互联网技术发展迅速，单期数据无法捕捉到互联网普及率提高带来的影响。因此，本书尝试使用多期 CFPS 数据构建计量模型，进而讨论了互联网使用对农村居民主观福祉的影响，然后借助 CMP 实现因果推断，以保障结论的稳健性。在量化研究之外，同时采取了基于案例的质性研究，二者的交互使用有利于更加清晰地洞察互联网对农村居民福祉的影响机制。

第2章

理论基础与分析框架

在本书的核心内容之前，先对相关概念进行说明和界定，然后依照学术史的发展过程，梳理了从旧福利经济学到社会福利函数的福祉理论演进，及互联网技术应用影响农村居民福祉方面的理论，明确了本书所依赖的学理基础。在此基础上，结合上一章提出的研究内容和技术路线，构建本研究的理论框架。

2.1 ▶ 概念界定

2.1.1 福祉

作为福利经济学的开创者，庇古首先给出了福利的定义，在他那里，福利和利益是同一性质的。不过遗憾的是，与摩尔（Moore）对利益的定义类似，庇古对福利的定义也是模糊的，其认为福利所涉及的范围极广，没必要详述，他仅仅指出了涉及福利概念的两个方面：首先，福利的基础是各种意识形态及其相互关系；其次，福利的范围可大可小。在庇古的研究中，主要关注的是能够使用货币度量的经济福利，不过他仍论述了经济因素是如何影响非经济福利的[①]。随着学术研究的不断深入，学者们逐渐意识到，经济福利虽然是衡量人类幸福的重要方面，但并不能全面反映个体的整体生活质量与幸福感。因此，研究的视角逐步从"福利"的单一经济维度扩展到更广泛、更综合的"福祉"概念。从字面理解，福祉（Wellbeing）指一个人生活状态的好坏，或者个人生命质量的良好程度（Crisp，2013；Sen，1992）。但对于福祉概念的具体内涵，学者们的看法并不完全相同。康明斯（Cummins et al.，2003）认为，福祉就是人们对生活条件的一组衡量指标，包含健康、安全、人际关系和生活成就等方面的内容；联合国《千年生态系统评估》报告认为福祉包含物质条件、健康、社会关系、安全、自由权和选择权六个方面的内容。史密斯（Smith et al.，2010）则从学术研究的视角出发，指出福祉是涉及哲学、经济学、心理学、社会学等的一个综合概念。由于不同学科关注的对象并不相同，这实际也意味着福祉所蕴含的多维内容。然而，在另一部分学者的概念体系中，福祉被等同于一种主观感受，它与幸福感和快乐等术语完全等价。例如，克拉克（Clark，2005）强调了方法论的个人主义，从个体角度探讨个人福祉概念，并指出福祉是生理和心理上的幸福感。黄有光（2005）认为，福祉就是一种净快乐，是一种长期的幸福。不过，若简单将福祉理解为幸福会带来一系列问题：如我们无法知道个人需求（即使是在最低限度）被满足的程度到底如何？同时，政策制定也会面临困难，因为个体的幸福感受可能因为各种原生因素（如文化背景、个体经历、健康状况等）而千差万别。关于福祉的定义，一个显见的困难在于，若承认其涉及范围无比宽广（像庇古那样），则任何分析都将是徒劳的，因为研究对象不可

[①]　庇古指出：在产业规模扩张的 18 世纪至 19 世纪，雇主与雇员社会地位上的差距拉大，相互接触的机会日渐减少。随着雇主和雇员之间这种无法避免的形式上的分离，他们在感情上也出现疏离。这种精神上的对立状态是非经济福利中一种明显的消极因素，它是由经济原因引起的。

穷尽。但另一个极端，若认为福祉等同于幸福感，那么关于福祉更多可度量的维度则被遗失掉了。本书中，依然遵循森（Sen，1992）的思路，将福祉理解为生活状态的良好程度。不过为了杜绝宽泛的福祉概念所带来的虚无主义以及等同于幸福感的狭窄的绝对主义，本书将福祉区分为客观福祉和主观福祉。其中，前者衡量的是人们物质需求实际被满足的程度，后者衡量的则是对生活状态的主观感受。下面将分述二者。

（1）客观福祉

本书所定义的客观福祉是指人们物质需求实际被满足的程度。与庇古的经济福利类似，客观福祉的一个重要特征在于其可测度或者说可观察性。可以说，正是这种可测度以及可比较的特性，使政策制定者较为偏好该类指标。客观指标体系还会关注特定群体的福祉发展差异。英国审计署发布的民生指数指标体系包含社会安全稳定、经济状况、政治参与等十大维度（Tideman，2001）。在针对中国的研究中，中国社会科学院创新工程项目所定义的福祉概念框架也直接包含了客观福祉的内容，其具体领域包括教育、健康、生活水平、环境、安全等10个子领域（檀学文等，2014）。然而，在所有对个人生活状态的客观度量中，联合国开发计划署（UNDP）在《1990年人文发展报告》中发布的人类发展指数（HDI）最具代表性，它用最为简洁的方式总结出人们生活中最基础和最必需的方面。人类发展指数包括教育、健康和生活水平三个方面，分别用成人识字率、预期寿命和人均GDP衡量。需要说明的是，该指数虽然不完美，但仍部分反映了森关于人的可行能力集的福祉观念。本书参照森的可行能力理论，所构建的客观福祉指标包含三个方面的内容，分别是基础功能、发展功能与可持续功能。三者合起来反映农村居民的客观福祉状况。而之所以根据森的可行能力概念构建客观福祉框架是因为这一视角能够更准确地反映居民的客观福祉。正如森所表述的那样，单纯以物质消费数量来衡量福利水平是不完备的，真正重要的是居民享有这些物品或劳务的能力，更大的选择集合意味着居民更强的可行能力，从而也就对应着更高的客观福祉水平。

(2) 主观福祉

在许多学者看来，福祉就是一种主观的心理感受。本书中，为和客观福祉相区别，所定义的主观福祉反映了个人的心理感受。更确切地讲，本书所指的主观福祉等价于幸福感。这种定义并不鲜见，迪纳（Diener，1984）认为福祉由生活满意度、积极情感和消极情感三个因素组成；米莱特（Miret et al.，2014）则将幸福区分为可评估型幸福（evaluative wellbeing）和体验型幸福（experienced wellbeing）。其中，前者主要是对生活质量的总体评价，包括各种满意度评价，后者则是指某种积极或消极情绪。在实践方面，坎特里尔（Cantril，1997）以居民主观态度为基准，依靠个体作出自我满意度等级评定。多伦多大学健康促进中心将福祉状态描述为：居民体验到的生活发展潜力，并详细指出生活发展潜力受个体生活机遇的影响较大。2011 年 OECD 发布"生活满意度"指数，该指数涵盖个人对收入、就业、住房、教育等维度的满意度。美国学界仍更多地使用主观福祉评价方法，如美国国民生活福利指数等。考虑到评估主观福祉的效力及成本问题，本书的主观福祉包含两个方面的内容，其一是认知，其二是情绪。认知维度包含对生活的满意度。情绪维度则涵盖了欢喜、骄傲等积极情绪以及悲伤、紧张、抑郁等消极情绪。

2.1.2 互联网

(1) 传统互联网

传统互联网（internet）指利用 TCP/IP 通信协定所创建的各种网络[1]。

---

[1] 需要说明的是，互联网和万维网经常交替使用，许多人认为二者等价。然而，万维网只是大量互联网服务中的一种，它是文件（网页）和其他网络资源的集合，由超链接和 URL 链接。

由于冷战原因，美国依托创建的 ARPANET 形成互联网发展中心。1974 年，罗伯特·卡恩和文顿·瑟夫提出 TCP/IP 协议，该协议成为最重要的互联网协议，如今互联网已引申泛指各种类型的网络。互联网在构成上可分为骨干网和接入网两个部分，就本书而言，主要关注的是接入网部分，即考察农户通过接入互联网的行为如何影响其福祉。另外，随着通信技术的进步，人们对上网速度有了更高的要求，宽带技术逐渐取代过去的窄带（如拨号上网）成为主流。不过需要说明的是，宽带技术并非一成不变，2006 年在 OECD 的报告中将宽带定义为传输的速率高于 256kbps 的连接。到了 2015 年，由于互联网技术进步，下载速率 25Mbps 以上，上传速率 3Mbps 以上的互联网才能称为宽带。就本书的研究对象而言，农村地区通信基础设施相对落后，同时其跨越的年份也比较长，期间通信技术发展迅速，为统一标准，我们采用了 OECD 2006 年的定义，即 256kbps 以上的互联网连接都将其视为宽带连接。

（2）移动互联网

移动互联网是指通过蜂窝电话服务提供商接入的互联网。它是一种无线接入技术，当持有移动设备在服务区域内移动时可以由一个无线电塔切换到另一个无线电塔。移动互联网是移动通信终端与互联网的结合体。这里需要澄清的一个概念是，并非通过移动设备（例如智能手机）接入互联网就可称为移动互联网。在中国，2009 年工业和信息化部发放第 3 代移动牌照，TD-SCDMA 协议得到了国际的认可和应用。2013 年末，中国 4G 移动网络大规模铺开。在本书的研究中，使用了农户手机上网比例来刻画地区互联网发展水平。不过并没有严格区分农户是通过移动互联网还是 Wi-Fi 无线网络接入互联网。

此处，需要说明的是，这里所涉及的互联网，更多地指农村居民对互联网的使用，而非互联网基础设施的建设。就本书的目的而言，最为关心的问题是当农村居民更多地接入互联网时，是否可以通过互联网提供的各项功能来提升其福祉水平。当然，互联网基础设施建设是接入互联网的前提条件之一，但这并非决定性因素。综合来看，互联网基础设施建设更多地可以看作政府提供的公共物品，它使接入互联网成为可能，或者说使农村居民高效低价地接入互联网成为可能。但有接入互联网的可能并不一定意味着在实际生活中接入互联网。互联网技术的使用与互联网基础设施建设并不完全等同，显然，本书关注的重点在前者，原因在于是否使用互联网在农民的可行能力集合之内，而是否兴建互联网基础设施并非农民可以改变的，即已经超出了其可行能力的范畴。

2.2 ▶ 基础理论

2.2.1　福祉理论

(1) 旧福利经济学

该学派的代表人物是庇古，其所依赖的理论基础是基数效用论，这意味着，在旧福利经济学那里，个人之间的效应不仅可以排序，还可以比较大小。在这种假设条件下，个体幸福可以很容易地加总成集体幸福。功利主义者强调集体效用最大化的思想启发了庇古，他将收入作为福祉的代理变量。国民收入极大化、收入均等化可以作为衡量福利水平的重要标准。庇古的分析基础来自边际效用递减规律，他认为所有社会成员的经济福利加起来便构成了一个国家的经济福利。若要实现有限资源的最优配置，就应该使私人边际成本与社会边际收益相等。由于外部性广泛存在于经济之中，旧福利经济学强调政府的主动干预。

旧福利经济学的理论基础在于可比较的个人效用，然而这也导致了其问题。在庇古的例子中：工业事故、职业病、雇用妇女和儿童、空气和水污染、失业等问题都导致了社会损失。这里，一个显而易见的困难是如何衡量外部性的大小，毕竟该变量无法直接通过可观察的价格水平来度量。若想评价他们，需要一个社会福利函数来比较受损者的效用。庇古的解决办法还是依赖于可观测的市场价格成本。然而，如果市场价格只反映了私人成本而没有反映社会成本，这种评价就失效了。旧福利经济学的这种缺陷也直接导致了运用层面的困难。由于将福祉与收入建立了联系，旧福利经济学试图直接用 GDP 衡量福祉，不过其缺点也是显而易见的：首先，它难以衡量那些难以货币化的东西，例如政府服务和污染等；其次，GDP 仅能衡量财富这一个维度，它无法衡量福祉所包含的其他维度；最后，GDP是一个加总的结果，这意味着财富对每个人要赋予相同的权重，并且财富带给每个人的效用要可比，不过这并不一定符合现实。鉴于此，一系列修正的评价方法被提出。比较有代表性的是经济福利标准（MEW）、可持续发展目标与绿色 GDP。MEW 可以看作是对国民生产总值（GNP）的增补，例如增加了休闲与家务，去掉了污染等负面影响；绿色 GDP 可以被理解成一个考虑环境因素的经济核算框架。可以看到，这些修正并没有完全解决旧福利经济学使用国民收入度量居民福利的问题。国民收入是居民福利的一个重要方面，但绝对不是唯一方面，故需要有新的理论来阐释居民福祉。

（2）新福利经济学

正如前面所叙述的那样，在旧福利经济学中，福利被看作所有居民效用的总和。在这个意义上，资源的最佳配置等价于福利最大化的配置，每个人被假定为拥有同样的收入效用函数。以帕累托为代表的新福利经济学打破了传统做法，放弃了基数效用与可加的效用函数，使用了新的序数效用函数，并且把推导过程严格限定在不取决于任何个人比较的福利结论。

在新福利经济学中，最大化的福利被定义为一种得到全体一致赞同的最佳，它不涉及自相矛盾的福利变化。为了避免任何个人效用的比较，新福利经济学拒绝评价那些使某些人更好，但使另一些人更差的福利变化。结果是，在新福利经济学那里，唯一的社会最佳被放弃，取而代之的无限不可比的社会最佳。不可比较的福利函数限制了该理论的应用范围，学者们提出了补偿支付原则，以增强新福利经济学的解释力。巴罗尼在《集体主义国家生产部》一书中指出，个人福利的所有变化都可以表示为个人愿意接受或支付的实际收入，并且这种收入能够使他保持效用不变，即回到他原来的福利水平。在巴罗尼那里，如果获益者可以补偿损失者，并且损失者自愿接受这个补偿，那么使一部分人受损另一部分人受益的变化可以被视作一致同意的福利增进。卡多尔在宏观层面上进一步阐释了这种补偿原则。他认为，在任何情况下，只要政府的政策能够改善生产效率提升国民收入，那么个体的效用是否可以比较就不再重要，税收等再分配政策总能让受损者得到充分补偿，只要总收益大于总损失，社会福利就能得到改善。希克斯也提出了类似的看法：只要改革能够提高效率，社会福利就会因为国民收入的提高而增加。不过，无论是巴罗尼、卡尔多还是希克斯都没有强调实际补偿原则。理论上可能的补偿和实际的补偿是存在差别的：可能的补偿认为存在可以用来分配的边际收入，而实际收入补偿则是选择了一种最受偏爱的再分配形式，在后者的讨论中，个人效用比较又被隐含着纳入进来。更困难的地方在于，一旦完成补偿支付，最终收入分配将不同于最初的分配，在不同的禀赋条件下，个人对可能的补偿支付的评价也将因此改变。最后，需要明确的是，新福利经济学有以下特征：（1）每个人都清楚自己的福利状况；（2）社会福利只能根据个人福利定义，并且个人福利互相独立；（3）个人福利不能比较。

（3）森的可行能力理论

新福利经济学之后，柏格森给出了社会福利函数（SWF）的概念，并且逐渐成为福利经济学分析的标准工具。我们可以通过个人主义的专门形式来表达社会福利函数（称为柏格森-萨缪尔森函数）：

$$W(x) = F\{U_1(x), U_2(x), \cdots, U_n(x)\} \quad \partial F/\partial U_i > 0 \qquad (2-1)$$

其中，W 是社会福利函数，U_i 是第 i 个人的效用，X 是给定社会备择状态集中的任一元素。如果对 U_i 做了类似变化，则必须对 W 做相应调整以保证原有的社会排序。阿罗式社会福利函数将某一可接受个人偏好组合集的所有元素转换为相应的社会排序的映射法则。阿罗认为，个人偏好难以加总为整体的社会福利。著名的阿罗不可能性定理表明，只要自由选择条件被满足，同时帕累托准则与无关独立性假设也得到满足，那么个人偏好无法加总为社会福利函数。如果个体效用不可比，同时满足一定的假设前提，实现集体理性的唯一手段就是强加给其他个体独裁者的偏好。黄有光（2005）进一步推进了前人的研究，他发现经由满足某些"合理"条件的法则导出的任何排序都是字典式排序，因而无法用一个实值函数来表达。如果假设条件再增加一个"匿名性"要求，甚至无法导出一个社会排序。这无疑又是对社会福利函数的一种质疑。

　　森还是对该福利经济学体系进行了批评，首先福利经济学中完全理性假定不符合实际，其实以效应为基础的社会福利函数面临测度困难。森颠覆了之前对福利或者是人类目标的定义，他认为财富仅是为人的发展服务的。在森那里，自由才是最为重要的，这里的自由是在"实质的"（substantive）意义上被定义的，特指人们享有的可行能力：包括免受困苦的基本的可行能力。更具体地，森通过功能来定义这种能力。功能（functionings）是一个人各种生活活动状态，而能力（capabilities）是可供个人选择的、潜在的功能组合（Sen，1992）。

2.2.2　网络效应

　　斯密将分工视为经济发展的一个主要动力，但正如杨等（Yang et al.，

1998）指出的，分工的好处是所谓的网络效应。个人的专业化水平不仅决定自己的生产效率，而且将成为其他人选择专业化水平的约束条件。这样一来，网络就有了一般均衡的含义。每个人决策的制定都依赖于网络中参与者的数量，而参与者的数量又反过来由所有人是否参与网络的决策决定。这意味着，对社会而言加总的均衡生产力，会随着均衡分工网络的扩大而提高。网络效应为经济发展提供了一个一般均衡机制。如果交易条件改变，则经济发展能够在没有技术进步的情况下实现。在互联网经济中，交易效率提高时，一般均衡会向完全分工演进。互联网发展带来网络效应，这种网络效应又引起了经济的结构变迁过程：每个人的专业化水平提升、职业模式多样化、市场一体化程度提高—生产力水平提高—人均收入提升（杨小凯等，2003）。

2.2.3　信息效应

一个简单的理论框架可以说明信息变量在一般均衡框架中的作用。首先，假定在一个经济社会中，有 N 个经济单位，这个单位可以是生产者，也可以是消费者。每个单位的特征由生产可能性集合 Y，偏好 R 以及初始禀赋 W 组成。一个经济社会中，只有自己知道自己的特征，别人不知道他人的特征，即信息是不对称的。同时，没有人能够无成本地知道所有信息，因此信息也是不完全的。从分散决策的角度来看，市场机制就是传递信息的机制。每个成员的信息空间记为 M，另外，Z 表示资源配置空间。接下来是个人决策的描述，它是从经济环境空间 E 到信息空间 M 的行为映射，这一映射就是我们所熟知的优化理论。最后是社会目标 F，在经济学文献中，该目标一般被认定为帕累托有效配置。该模型中，一个值得期待的结果是激励相容，即个人的自利行为同时实现了社会目标。更具体地讲，个体的决策是根据他所拥有的信息作出的，决策的结果决定资源的配置方向，若最后的资源配置结果正好与社会目标吻合，则实现了激励相容。这里，信息作为决策的依据异常重要，它可以改变资源配置的结果。互联网的出现在很大程度上改变了个体决策所依赖的信息，无论是搜寻信息还是发送信息，这都为激励相容提供了有利条件。另外，就本书关注的对象而言，农村居民更容易受信息不对称所带来的负面影响。相比城市居民而言，农村居民一般受教育水平较低，能力相对较弱。在经典的委托代理理论中，信息不对称所带来的一个均衡结果是"不扭曲顶端原则"，即对"高能力者"给予正常的合约，但对"低能力者"给予扭曲更大的合约。例如，在博尔顿（2008）提供的征税案例中，逆向选择的均衡结果是"高能力者"的边际税率为零，而"低能力者"的边际税率为正。显然，本书所研究的互联网是重要的，它改变了个体以及个体之间的信息集合，从而对有利于提升农户甚至整个经济体的福利水平。

2.3 ▶ 理论分析框架

互联网作为 21 世纪最有代表性的技术创新之一，正深刻地改变着人类生活的方方面面。本书依照构建基础理论模型—实证分析模型—政策创设的分析思路，探讨互联网这一技术革新是否影响和如何影响农村居民福祉。图 2-1 展示了本书的总体理论分析框架。

第一个层面，确认理论模型构建的约束条件。即以互联网发展为代表的技术变迁决定了整个理论分析框架的外部约束条件。这里，互联网技术外生于我们的分析框架，它决定了行为人决策所依赖的经济环境。与传统新古典经济学所假定的生产函数不同，互联网技术至少在两个方面带来了改变：其一是网络效应；其二是信息传递效应。这两个效应修正了决策者所面临的约束条件，故将对其最优决策的均衡结果产生影响，最终改变其福祉水平。

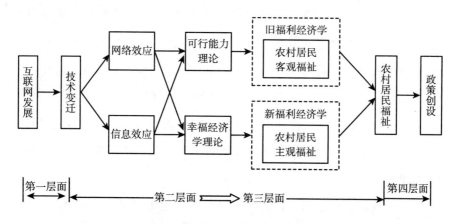

图 2-1 本书的理论分析框架

第二个层面，进行基础理论分析。我们将农村居民福祉划分为主观福祉和客观福祉，并试图探寻互联网技术应用对二者的影响。主客观福祉的划分来源于学界的一个重要争论，那就是个体效用是否可比。依据旧福利经济学理论，理论基础是基数效用论，个体福祉不仅可以排序，还可以比较大小，这样集体效用最大化的目标函数将很容易建立，我们也可以确切地知道什么样的社会是"可欲"的。然而，在新福利经济学理论中，序数效用论强调了偏好而非效用，每个个体被假定拥有不同的效用函数。既然不可比，效用的加总便无法实现了。本书同时遵从了这两套原则。首先，按照新福利经济学的定义，每个人都是自己福利最好的判断者。该定义强调了主观福祉判断。幸福经济学从认知和情感两个维度拆分了主观福祉，我们也将讨论互联网技术应用是如何通过这两个途径影响主观福祉的。其次，旧福利经济学的思想在本书中得以保留，因为我们需要一个可定义的社会福利函数。利用森的可行能力理论，将农村居民客观福祉划分为基础功能、可持续功能和发展功能三个维度。与主观福祉不同，这三个功能是在地区而非个人层面被定义的，这本身就意味着一种效用的"可加性"，因而具备旧福利经济学特征。

第三个层面，分别运用计量分析模型实证检验互联网技术应用对两种福祉的影响。它将帮助我们更好地理解由技术进步所带来的约束条件变化，将会如何影响基于个体的主观福祉和基于集体的客观福祉。在该层面，客观福祉是基于森的可行能力理论测算的综合指数，主观福祉则用幸福感和生活满意度来度量。计量模型用于分析互联网技术应用对这两种福祉的影响方向以及显著程度，进一步地，相关机制的检验能够说明这种影响是通过何种渠道传递的。实证研究明晰了变量间的递归关系，将为政策建议提供依据。

第四个层面，政策创设。前三个层面的讨论为政策创设提供了基础。一个直观的结论是，互联网发展通过网络效应和信息效应提升了农村居民福祉，那么提升互联网发展水平便是一个合适的政策安排。这里，该政策应有两个方面的含义：其一，优化乡村振兴投资方向，提升互联网基础设施建设，降低互联网使用成本；其二，完善信息服务体系，提升信息服务水平，对互联网使用进行合理引导，让更多农村居民愿意并且有能力使用互联网；其三，丰富互联网应用场景，多渠道提升农村居民福祉；其四，加强互联网综合治理体系，营造健康的互联网环境。

第3章

农村居民互联网技术应用：福祉变迁的特征事实

本章是关于农村居民互联网技术应用及其福祉变迁的特征事实分析。结合历年《中国统计年鉴》《中国农村互联网调查报告》等数据，从农村互联网普及率，农村网民个体特征以及农村网民上网行为等多个维度分析农村互联网发展及应用情况。同时，分析了农村居民主、客观福祉的变迁历程。最后，进一步地通过案例的方式揭示出互联网技术应用是通过何种渠道影响农村居民福祉的，为后面的实证检验奠定基础。

3.1 ▶ 农村互联网发展变迁

3.1.1 总体情况

2013 年，中国互联网进入高速发展阶段，"互联网＋"广泛地融入社会经济社会的方方面面。图 3－1 展示了中国电信基础设施能力的发展情况。1997 年，全国光缆线路长度为 55.7 万千米，到 2019 年，增加到 4741.2 万千米，是 1997 年的 85 倍多。基础设施的快速增长为互联网普及打下了坚实基础。1997 年，全国互联网普及率仅为 0.06%，到 2000 年，互联网普及率上升了约 3 倍，不过也仅为 2%。从图 3 – 1 可以看出，2007 年迎来拐点，互联网普及率达到 16%，此后该指标进入更快速的增长渠道（此后该指标斜率明显增大了），到 2020 年，网民数量达到 9.04 亿，普及率 70.4%，比全球平均水平高出近 10 个百分点。

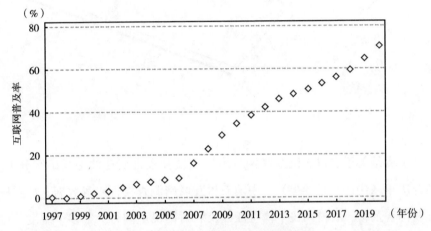

图 3 – 1 1997 ~ 2019 年互联网普及率

资料来源：根据相关年份的《中国互联网络发展状况统计报告》整理。该报告在 2002 年以后直接公布了互联网普及率，但 2002 年之前的报告只公布了上网人数。故本书根据上网人数除以 6 岁以上总人口自行测算出互联网普及率。

3.1.2 农村互联网普及率

2007 年之前，我们对农村互联网的发展知之甚少①。2007 年 9 月，《中国农村互联网调查报告》公布，使我们可以窥见更详尽的农村互联网

---

① 《第五次中国互联网络发展状况统计调查报告》指出，2000 年我国上网总人数为 890 万人，其中农民人数占比 0.3%，约 2.67 万人。2006 年，全国网民总数已达 13700 万人，不过农民占比也仅有 0.4%，约 54.8 万人。6 年间，农民上网人数增加了 21 倍，但其绝对值仍偏小。

发展图景。截至 2007 年 6 月，中国农村网民有 3741 万，同期城镇网民规模已达 1.25 亿，是农村网民的 3.3 倍。该时期农村互联网普及率 5.1%，远低于城镇的 21.6%。这种差距显然来自收入水平：2006 年农村居民年均纯收入 3587 元，只能购买低端配置的电脑。随着农村居民收入的逐年提升以及农村地区互联网络基础设施的不断完善，农村互联网普及率不断攀升（见图 3-2）。截至 2020 年，农村的互联网普及率已经过半，年平均增长率达 15.5%。该年农村网民绝对值达 3.09 亿，是 2007 年的 8.3 倍。从时间维度看，农村互联网确实得到了长足发展，但如果横向对比城镇，差距仍比较明显。2020 年城镇互联网普及率 79.8%，比农村高 24 个百分点。城镇上网人数 6.8 亿，是农村上网总人数的 2 倍多。不过值得欣慰的是，从有数据记录的 2007 年开始，城乡互联网普及率呈逐年扩大的趋势，但到 2020 年，这种差距有收敛之势。其原因可能在于，城镇中互联网普及率已经接近峰值状态，而农村互联网还有较大的发展空间，因此未来若想进一步提升全国整体的互联网普及率，农村将是重点所在。

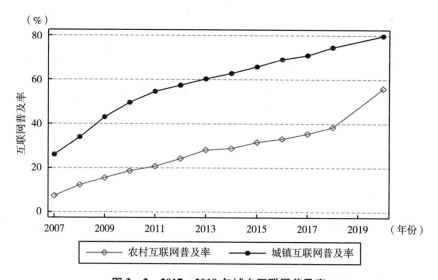

图 3-2　2017~2019 年城乡互联网普及率

资料来源：根据相关年份的《中国互联网络发展状况统计报告》整理。

3.1.3 农村网民的个体特征

（1）性别

在最初有统计数据的 2007 年，男性网民占总人数的 61.9%，2008 年更是上升至 62.7%，随后农村女性网民人数开始增多，到 2015 年，男性网民占比降低至 55.2%（见图 3-3）。该变化趋势表明，相比于农村的女性居民，男性居民更愿意率先尝试使用互联网。

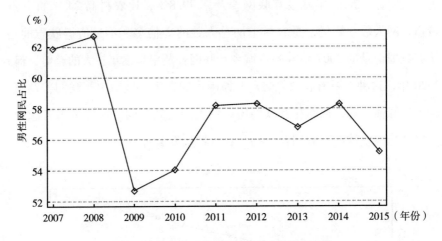

图 3-3　2007~2015 年农村网民的性别结构
资料来源：根据相关年份的《中国农村互联网发展调查报告》整理。

（2）学历

图 3-4 给出了农村网民学历结构的时间趋势。从整体上看，在农村，受教育程度为初中的网民占比最高。2009 年之前，拥有高中学历的网民人数最多，随后被初中学历的网民超过。在 2009 年之前，受教育程度为小学及小学以下的农村上网居民占比不足 10%。对于新事物而言，学历反映着一个人的认知能力和学习能力，故不难理解为什么小学学历网民

占比最少①。不过在 2013 年之后，小学及以下学历网民占比有所增加，这更能从另一个侧面说明互联网普及率的提升，更便捷、易懂的上网模式可以让更多的人使用互联网。最后，农村大专及以上学历的网民占比在 2007 年为 15.2%，到 2015 年仅为 6%。该比例的变化更大程度来自中学、小学学历网民的增加。可以预见，随着互联网基础设施的普及，终端上网设备操作的简化，越来越多的低学历人口将使用互联网。

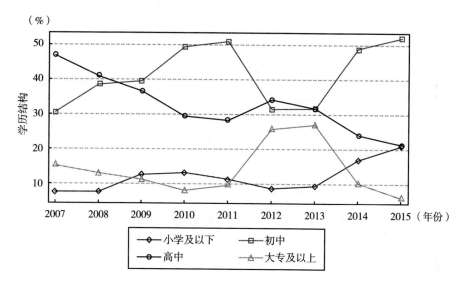

图 3 - 4　2007～2015 年农村网民的学历结构
资料来源：根据相关年份的《中国农村互联网发展调查报告》整理。

（3）年龄

图 3 - 5 展示了 2009～2015 年农村上网居民年龄结构的动态变化趋势②。可以看到，各年龄结构的农村网民占比相对稳定，20～39 岁人群占

---

① 在中国互联网络信息中心公布的第二次《中国互联网络发展状况统计报告（1998）》中，中专以下学历的网民只占到 6.9%，本科以上学历的占比高达 58.9%。
② 2007 年和 2008 年公布的《农村互联网发展状况调查报告》也报告了农村网民的年龄结构，但与 2009 年之后划分的年龄组别不同，故在图 3 - 5 中并未包含这两年的数据。

比最高，样本期间占比均高于40%。19岁及以下人群占比有所减少，所占的比例由2009年的41.1%减少至2015年的25.7%。40～59岁农村居民上网比例有所上升，而60岁及以上农村居民上网比例一直比较稳定，始终没有超过2.5%。

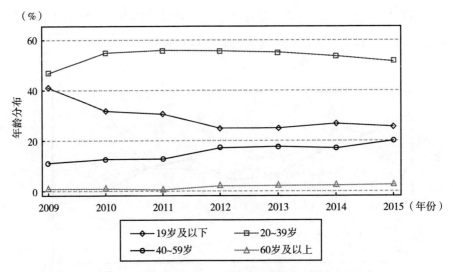

图3-5　2009～2015年农村网民的年龄结构

资料来源：根据相关年份的《中国农村互联网发展调查报告》整理。

（4）收入

图3-6展示了农村网民收入结构的变化情况。中低收入（3000元以下）网民的占比最高，高收入（8000元以上）网民占比最低。2009年，1000元以下收入的网民超过了一半，占总数的53.4%，2015年该数据下降到37.9%。但在2015年的报告中，月收入在500元以下的网民占比仍高达28.3%，远超其他收入组别的网民。由此传递了两个特征事实：其一，农村网民仍相对贫困；其二，上网费用确实已大幅下降。农民能够以较低的价格使用互联网将成为其改善生活状况的重要工具之一。

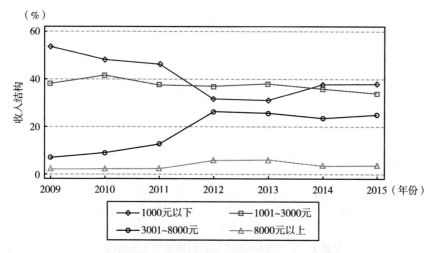

图 3 – 6　2009 ~ 2015 年农村网民的收入结构（月收入）

注：2007 年和 2008 年的《农村互联网发展状况调查报告》同样公布了农村网民的收入分布情况，不过其划分标准与 2009 年之后的年份并不一致，故我们没有加入这两年的数据。在 2009 ~ 2015 年的报告中，收入结构实际上被划分为无收入、500 元及以下、501 ~ 1000 元、1001 ~ 1500 元、1501 ~ 2000 元、2001 ~ 3000 元、3001 ~ 5000 元、5001 ~ 8000 元以及 8000 元以上 9 个类别，为了描述方便，将其缩减为图 3 – 6 的 4 个类别。

资料来源：根据相关年份的《中国农村互联网发展调查报告》整理。

3.1.4　农村居民上网行为

（1）上网时间

随着互联网络在农村的普及，农村居民上网的时间逐年增加。从图 3 – 7 中可以看出，2007 年农村网民每周上网时间为 12.3 小时，到 2009 年提升到 16 小时，之后的几年进入缓慢增长状态。2012 年后，上网时间迅速提升，到 2014 年该增长状态趋缓，2015 年农村居民上网时间为 23.8 小时，年均增长率达到 8.6%。该指标表明互联网已经越来越多地融入农村网民的生活之中。在 2015 年，城镇网民周上网时间为 27.2 小时，高出农村网民 3 个多小时，这意味着随着互联网在农村的进一步普及与更多应用（App）在农村地区的推广，农村居民的上网时间有可能会进一步增加。

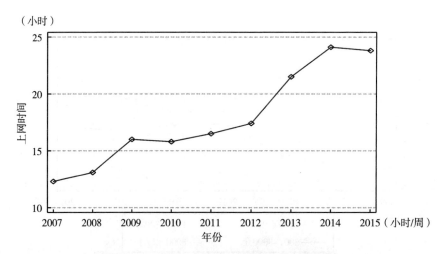

图 3 - 7 2007 ~ 2015 年农村网民的上网时间

资料来源：根据相关年份的《中国农村互联网发展调查报告》整理。

（2）网络应用

接下来讨论农村网民互联网应用使用情况。在中国互联网络信息中心的报告中，公布了四大类应用类别，分别是信息获取类、网络娱乐类、商务交易类和交流沟通类。然后在四个大类别中又增添了细分小类别。不过需要注意的是，互联网应用的更新速度较快，故在不同时间段的报告中，四大应用类别的细分项目并不一致，例如在 2008 年的网络应用中并未出现微博以及旅行预订等细分类别，鉴于此，本书调整了四大应用类别的细分项目，以保证不同年份拥有相同的应用类别。具体地，用"搜索引擎"变量衡量信息获取程度[①]，用"即时通信"和"博客"两个变量的平均值衡量交流沟通，用"网络视频""网络音乐"和"网络游戏"的平均值衡量网络娱乐，最后用"网络购物"和"网络支付"均值衡量商务交易。结果如图 3 - 8 所示，可以看到，在 2008 年，网络娱乐是农村网民使用率最高

---

① 大部分年度的信息获取类还报告了"网络新闻"应用使用率，但 2012 年和 2013 年未报告该应用使用率，统一起见，舍弃了该变量。

的应用，其次是信息获取和交流沟通，使用率最低的是商务交易应用。在随后的年份中，信息获取、交流沟通和网络娱乐的使用率都在 40% 以上，并且其变化并不太大。例外的是商务交易应用的使用率，在 2008 年，该应用类别的使用率仅为 11.4%，随后呈持续增长趋势，2015 年达到 47.5%。图 3-8 表明，互联网在农村普及的初期，沟通、娱乐以及获取信息是最重要的功能，但随着电子商务以及互联网金融的兴起，互联网应用更多地嵌入农村网民的经济生活中。这意味着，互联网开始扮演改善农村网民生活状况的角色。

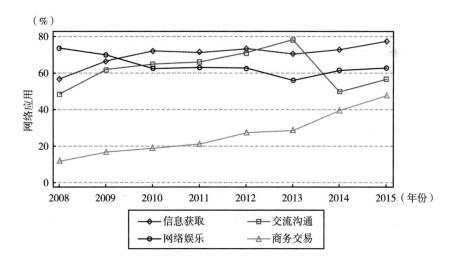

图 3-8　2008~2015 年农村网民网络应用使用率
资料来源：根据相关年份的《中国农村互联网发展调查报告》整理。

图 3-9 给出了城乡商务交易应用使用率的历年变化状况。可以看到，两条曲线的斜率几乎保持一致，差别仅仅在于截距，这意味着城镇和农村网民在使用商务交易应用方面存在较大的初始差异。不过，2008~2015年，农村网民商务交易使用率的增长率为 22.7%，城镇则为 14.9%，这意味着农村网民使用商务交易应用的频率增长迅速增加，当城市商务市场发展基本完备后，旷阔的农村市场将是其另一个重要市场。

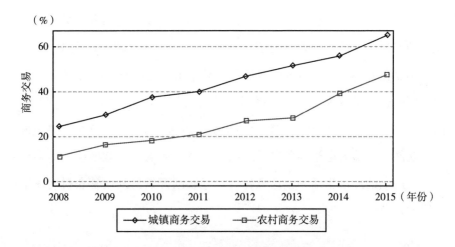

图3-9 2008~2015年城乡网民商务交易应用使用率

资料来源：根据相关年份的《中国农村互联网发展调查报告》整理。

3.2 ▶ 农村居民福祉变迁

伴随工业化、城镇化的快速发展和农业现代化的同步建设，我国农民生活发生了巨大转变，新农村建设不断取得新进展，农民的"钱袋子"更满，端上了生活的"金饭碗"，农民福祉有了极大提高，成为改革与发展成效的有力见证，本章从农村居民福祉的主客观角度分述之。

3.2.1 农村居民客观福祉变迁

据前面分析，与主观福祉不同，农村居民客观福祉包含收入与消费、就业、农村公共服务、生态环境治理等多个维度的内容，本章接下来进行逐一讨论。

（1）收入与消费

① 收入。按照农村居民收入增长的阶段性特点，1978 年以来农村居民增收可以划分为 6 个阶段，如表 3 - 1、图 3 - 10 所示。促进农民收入增长的因素：第一，体制改革与政策因素。1978 ~ 1985 年，农民收入的增长呈现超出常规的快速增长时期，得益于家庭联产承包责任制改革和农副产品收购价较大程度的提高，农村居民收入年均增速达 15.2%，远超同时段城镇居民收入和 GDP 的实际增速；1986 ~ 1991 年进入低速增长阶段，城镇居民收入实际增长开始超过农村居民，这与农村改革初期制度与政策红利的增收效果基本得到释放、财政支农支出的收缩直接相关。第二，市场化要素流动及非农就业因素。1992 ~ 1996 年，农民收入处于常规增长状态，农民收入在 5 年间扩大 2.5 倍，年均实际增速回升至5.7%。1997 ~ 2000 年，中国经济增长放缓，乡镇企业吸纳就业能力不足，同时受城镇化和农村就业政策收紧的影响，农民收入出现 4 年持续下降期，年均增长率为 4%。第三，农业支持保护和宏观经济因素。2001 ~ 2011 年，处于我国"十五"和"十一五"时期，这一阶段我国以城带乡、以工补农政策得到落实，特别是新农村建设的提出和减免农业税等政策的出台，使农民收入进入增长恢复期，年均实际增长率达到7.9%。党的十八大以来，农民收入连创新高，但受宏观经济下行影响，增速呈放缓徘徊态势。2012 ~ 2019 年，农民收入年均实际增速比城镇居民高出 1.3 个百分点。与同时段 GDP 的实际增长速度相比也处于高位，但幅度收紧。特别指出的是，这一时期，我国脱贫工作力度空前，发起了消除绝对贫困的攻坚战，2021 年中国已经没有了绝对贫困，这为我国全面建成小康社会交上了一份圆满答卷，在人类反贫困史上留下浓墨重彩的一笔。

表 3 – 1　　　　　农民收入增长特点及阶段划分（1978～2019 年）

时期	农民收入增长特征	人均可支配收入均值（元）		人均可支配收入实际增速（%）		GDP 实际增速（%）	城乡居民收入比	城乡居民消费比
		农村居民	城镇居民	农村居民	城镇居民			
1978～2019	—	3881.3	10821.7	7.8	7.2	9.4	2.6	2.5
1978～1985	超常规增长	255.2	527.2	15.2	7.1	9.8	2.2	2.0
1986～1991	低速增长	571.3	1278.0	2.8	4.9	8.2	2.2	2.3
1992～1996	常规增长	1286.1	3444.4	5.7	7.3	12.4	2.7	2.7
1997～2000	增幅下降	2193.1	5668.3	4.0	6.1	8.3	2.6	2.8
2001～2011	持续增长	4198.3	12770.6	7.9	9.4	10.5	3.0	2.9
2012～2019	增幅放缓	12020.3	32781.8	7.9	6.6	7.1	2.7	2.3

资料来源：根据相关年份的《中国住户调查年鉴》《中国统计年鉴》整理。

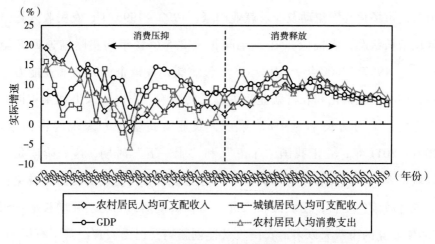

图 3 – 10　1978～2019 年居民人均可支配收入、人均消费支出
实际增速与 GDP 实际增速比较

资料来源：根据相关年份的《中国住户调查年鉴》《中国统计年鉴》整理。

② 消费。1978～2019 年，农村居民人均消费支出从 116.1 元跃升到了 13327.7 元，年均消费实际增速为 7.4%。具体如图 3 – 10 所示：1978～2000 年，农民收入处在较低的基准线上，实际增速为 7.6%，由于波动幅度较大，加之偏向城市的发展战略，使农村居民的消费水平增速虽有所提高，但消费行为表现相对压抑，年均消费实际增速仅为 6.4%（王小华等，

2020）。2000 年之后随着城乡统筹协调发展，尤其是 2003 年之后农业支持政策持续发力，农民收入有了相当水平的积累，年均收入实际增速为7.9%，同期年均消费实际增速超过收入增速达到 8.4%。从消费结构来看，农村居民消费偏好从生存性转向发展性，实现消费升级，生活质量逐步提高。一方面，食品和衣着所占的比例显著下降，1978～2019 年，农村居民的恩格尔系数从 67.7% 下降至 30%①。食品消费更加注重品质与膳食结构的合理化，衣着消费逐渐由从追求保暖的基本功用，转为追求舒适美观。另一方面，其他服务消费等支出出现不同程度的大幅提升。

（2）农村就业与创业

改革开放以来，我国就业形势长期稳定，农村就业创业局面良好。具体来看：第一，乡村就业表现出先升后降的趋势，城市成为主要就业部门。如图 3－11 所示，乡村就业人员数量从 1978 年的 30638 万人增加到1997 年的 49039 万人，之后开始呈平稳下降态势，截至 2019 年乡村就业人员数量已下降至 33224 万人（年猛，2020）。第二，农民工总量扩大，流动半径缩小。整体看，外出农民工虽然占有较大比例，但省内流动农民工人数却呈上升态势，2008 年省内流动农民工人数占 46.7%，2011 年开始超过半数，2019 年达到 56.8%②。第三，农村创新创业趋势显现。党的十八大以来，农村地区对创业人员的吸引力不断增强，2014～2018 年 5 年间始终保持近两位数的增长率，2019 年返乡下乡农村双创人员则达到 850 万人③④。农村就业创业这种良好发展状况与我国非农就业环境日渐改善，农村就业服

---

① 2013 年和 2020 年的《中国统计年鉴》。
② 2009～2019 年《农民工监测调查报告》。
③ 农业农村部新闻办公室网站，2018 年在推进农村双创助力乡村振兴座谈会上的讲话．[2018－07－24]．http：//www. moa. gov. cn/xw/bmdt/201807/t20180724_6154576. htm.
④ 农业农村部新闻办公室网站，2020 年分享农村双创经验带动农民就业增收——全国新农民新业态创业创新大会在南京召开．[2020－09－24]．http：//www. moa. gov. cn/xw/zwdt/202009/t20200924_6353211. htm.

务政策逐步完善紧密相关。与我国城镇化转型进展相适应，农村就业服务政策可大致分为三个演进。第一阶段，有限放松管制（1978～2002 年）。政策注意力集中在城市生产建设上，农民工流动处于自发状态。家庭联产承包责任制的推行使农民出现一定程度上的非农领域兼业就业机会，有条件地实现"农转非"就业（谢秋山等，2021）；20 世纪 90 年代初，乡镇企业兴起，国家为推动农村经济发展开始逐步放开农民进入小城镇。第二阶段，统筹城乡，有序引导（2003～2007 年）。以党的十六大确立"统筹城乡经济社会发展"战略目标为节点，国家开始有序推进农村转移人口在城镇就业，同时重点聚焦进城农民工和失地农民就业问题，注重对其就业权利的保护。第三阶段，构建覆盖城乡的公共就业服务体系（2008 年以来）。随着党的十七大提出"城乡一体化"发展思路，我国开始逐步构建覆盖城乡的公共就业服务体系，政策转向更具公平性、包容性、精准性，2018 年进一步提出乡村振兴战略，鼓励农民返乡创业，就近转移就业，聚焦城乡一体化融合发展和共享发展成果。

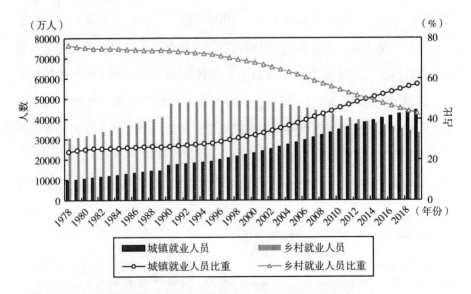

图 3－11　1978～2018 年中国城乡就业基本趋势

资料来源：根据相关年份的《中国人口和就业统计年鉴》整理计算所得。

（3）农村基础设施建设

经过几十年的努力，中国农村基础设施落后的状况发生了根本性的改变，为实现农民富裕提供更好保障。农村道路交通状况得到有效解决，改革开放之初的 1978 年，绝大多数农村不通公路，农村公路从 58.6 千米增加到 1995 年的 82.1 万千米（赖怀福等，2004）。党的十八大以来政府对农村公路发展的重视程度不断加大，农民对外信息交流的基础硬件设施也已具备，基本实现所有村组电话及手机通信服务的全覆盖。其他农村公共服务方面，如村庄饮水、供电、能源使用得到较大改善。2007～2018 年，村庄供水普及率从 44.7% 增加到 77.7%，燃气普及率从 16.9% 增加到 25.6%，人均用电量从 757.4 千瓦增加到 1659.3 千瓦[①]。全国农村住房短缺及住房不安全问题也得到有效解决，2007～2018 年，农村人均住房面基本保持在 30 平方米上下，钢筋混凝土结构的住房占比在 2010～2015 年从 62.0% 提高 65.7%，农村居民的幸福感得到较大提升[②]。

（4）农村社会民生事业发展

我国农村综合教育改革基本与经济市场化、农村城镇化过程同时推进，普及义务教育，推进城乡教育均衡、优质发展等系列举措，使我国农村教育与农村人口素质发生很大变化。人口普查数据显示，中国的文盲率从 1990 年的 15.9%，大幅下降至 2020 年的 2.7%。初中阶段毛入学率从 2000 年 88.6% 的基本普及程度提高到 2019 年 102.6% 的高位普及水平，同期高中阶段毛入学率也从 42.8% 提高到 89.5%[③]。高等教育普及率也在迅

---

① 供水、用电、能源等方面的数据由相关年份的《中国城乡建设统计年鉴》《中国统计年鉴》整理计算所得。
② 根据相关年份的《中国农村统计年鉴》整理。
③ 根据相关年份的《全国教育事业发展统计公报》整理。

速提升，2007～2018 年，中国农村人口平均受教育年限由 7.2 年提高至 7.8 年①。农村医疗卫生和健康方面，随着医疗服务条件改善，我国农村居民的健康水平实现大幅度提升。我国居民人均预期寿命在 1990～2019 年的 30 年间从 68.6 岁提高至 77.3 岁（吴国宝，2018）。我国农村社会保障制度在历经改革开放前 20 年聚力发展生产力，再到 21 世纪开始强调可持续和包容性增长的转型，逐步得到完善。1987～1999 年，农村养老保险制度实行"老农保"；2009～2012 年，"新农保"实现了试点推广到农村全面覆盖的整个过程；城乡居民社会养老保险制度于 2014 年开始推行，截至 2019 年末，参保城乡居民基本养老保险的人数达到了 5.3 亿②。新型农村合作医疗制度历经 2003 年试点，到 2010 之后参合率也已保持在 95% 以上。最低生活保障制度作为针对困难群体最为普遍的现金转移支付项目，也在农村地区普遍实施，有效增强了农民应对脆弱性的能力，提高了农民的福利和生活质量。

（5）农村生态环境治理与保护

从 2005 年新农村建设启动到实施乡村振兴战略，我国在"三农"工作中不断提高农村生态环境的建设水平。2015～2021 年，连续 7 年的中央一号文件均对农村人居环境整治作出部署，以期加快推进农村人居环境整治。2007～2016 年，开展村庄整治的行政村数量在不断增多，农村生活垃圾、生活污水的处理状况也有所改善，农改厕项目取得成效，形成较好的环境效益。具体地，2007～2016 年，对生活污水进行处理的行政村占比从 2.6% 上升到 20%；处理生活垃圾的行政村占比从 10.1% 上升至 65%，增

---

① 根据相关年份的《中国人口和就业统计年鉴》整理计算所得。
② 2019 年度人力资源和社会保障事业发展统计公报 [EB/OL]. 人力资源和社会保障部，2019. [2020 – 09 – 11]. hhttp：//www.mohrss.gov.cn/xxgk2020/fdzdgknr/ghtj/tj/ndtj/202009/t20200 911_385449. html.

加 54.9 个百分点[①]；无害化卫生厕所普及率也由 2007 年的 34.3% 上升至
2016 年的 60.5%，年均增速为 6.3%[②]。在农业生产环境方面，农业部相
继出台关于农业面源污染防治，推进化肥、农业使用量零增长等的系列
意见及方案，加强面源污染防治。2007～2017 年，单位耕地面积化肥施
用量在 2012 年之前呈不断增加态势，之后呈倒 "U" 形变动，年均增长
率为 0.3%；单位面积农药使用量先增加后下降，农业面源污染问题得
到一定的改善。[③]

3.2.2　农村居民主观福祉变迁

该部分使用相关年份的中国综合社会调查数据（CGSS）[④] 评估农村居
民幸福感的变迁过程。在问卷中，关于幸福感的问题是："总体而言，您
对自己所过的生活的感觉是怎样的？"答案选项分为"非常不幸福到非常
幸福"5 个层级。本书将受访者答案按 1 至 5 分序列计数（1 = 非常不幸
福，2 = 不幸福，3 = 一般，4 = 幸福，5 = 非常幸福），统计出各年度农村
居民幸福感均值[⑤]。

（1）农村居民主观福祉变化趋势

图 3 - 12 给出了农村居民幸福感的变化趋势。从总体上讲，农村居民

---

① 根据相关年份的《中国城乡建设统计年鉴》整理计算所得。
② 根据相关年份的《中国环境统计年鉴》整理计算所得。
③ 根据相关年份的《中国农村统计年鉴》整理。
④ 该调查是我国最早的全国性、综合性、连续性学术调查项目，自 2003 年起，对中国大陆
各省市自治区 10000 多户家庭进行连续调查。其数据样本量大、覆盖地域广泛，具有较高代表性。
⑤ 需要说明的是，除了中国综合社会调查（CGSS），也有其他微观调查数据提供了居民幸
福感相关数据。比较有代表性的是中国家庭追踪调查数据（CFPS），该调查从 2010 年开始，每两
年公布一次数据，目前最新的数据已经更新到 2018 年。在 CFPS 问卷中，2010 年关于居民幸福感
问题的选项与 CGSS 一致，但 2010 年以后的问卷中，"你是否幸福？"的答案选项变成 1 至 10，其
中 1 表示非常不幸福，10 表示非常幸福，口径的不一致使得我们不得不放弃 2010 年的数据，这样
CFPS 的时间跨度变得更短了，因而无法像 CGSS 那样反映更长时间段农村居民幸福感的变化情况。
所以，这里仅使用了 CGSS 数据。

幸福感均值都在 3 分以上，并且呈逐年递增趋势。2005 年农村居民幸福感均值为 3.356，到了 2017 年，上升到 3.861。这种显而易见的改善可能和政府改善农村的诸多政策措施相关。更具体地，我们还计算了各幸福感程度的人数比例。2005 ~ 2017 年，总体来看，有 1.8% 的农村居民认为自己非常不幸福，而认为自己非常幸福的占 13.1%。

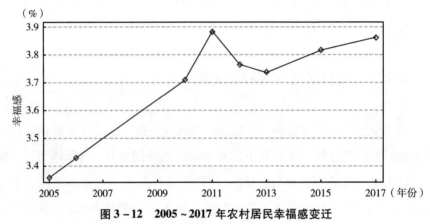

图 3 - 12   2005 ~ 2017 年农村居民幸福感变迁

资料来源：根据相关年份的 CGSS 数据整理。①

图 3 - 13 给出了 2005 ~ 2017 年各程度幸福感人数占比变化情况。可以看到，感到非常不幸福和不幸福人数占比相对稳定，前者维持在大多时间段维持在 2% 以下，后者则维持在 9% 以内。选择"一般"的农村居民比例有较大改变，2010 年之前，45% 左右的农村居民认为自己的幸福程度处于一般状态，但 2010 年后，比例下降到 20% 以内。考虑到"非常不幸福"与"不幸福"的比例比较稳定，可以预期感受到幸福的农村居民比例将是有所上升的。2005 年，感到"幸福"的农村居民占比为 39.7%，到 2017 年上升到 58.5%，增加了 18.8 个百分点。同样，2005 年感受到"非常幸

---

① 第一期 CGSS 调查始于 2003 年，不过该年度调查中涉及农村样本较少，不具备代表性。在 2008 年的调查中，并没有给出幸福感的问题，故这里也没有 2008 年的数据。刘军强等（2012）仍使用了 2008 年的调查数据，不过他们使用了"是否快乐"问题来代替对居民幸福感的衡量。一般而言，快乐和幸福确有相似之处，但二者并不能完全等同，故而未使用 2008 年的数据。

福"的农村居民占总数的比例为 3.9%，到 2017 年上升到 13.1%，12 年间增加了 9.2 个百分点。

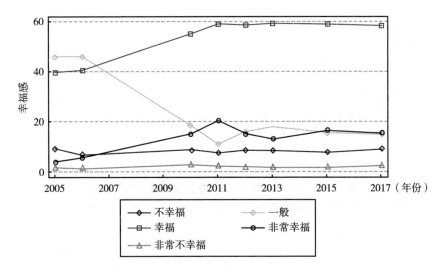

图 3 - 13　2005 ~ 2017 年农村居民幸福感分布情况

资料来源：根据相关年份的 CGSS 数据整理。

（2）农村居民主观福祉的个人特征

① 性别。接下来考察农村居民幸福感的性别特征。从图 3 - 14 中可以看出，无论是男性还是女性，幸福感都呈逐年上升趋势。同时还注意到，在绝大多数年份，女性幸福感略高于男性，该结论与已有文献相似，即与男性相比，女性更不容易焦虑，从而获得较高的幸福感（Hawkes，2012）。

② 教育水平。与前面类似，这里依然将农村居民学历划分成三个维度，分别是小学及以下、中学、大专及以上。图 3 - 15 给出了一个非常清晰的结论，当农村居民拥有更高的学历时，其幸福感通常也会更高。库珀和格雷西亚（Cunado and Gracia，2012）从两个方面论述了教育影响个人幸福感的途径。其一，教育增加人力资本水平，从而可以通过感受个人收入来增加幸福感；其二，教育可以提升个体的认知能力，进而通过改善"自我评价"来提升幸福感。

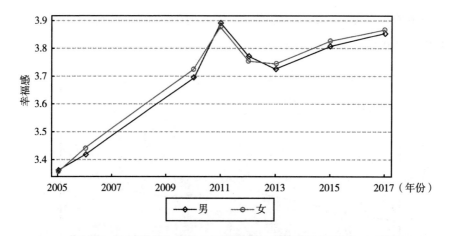

图3-14 2005~2017年农村居民幸福感的性别特征
资料来源：根据相关年份的 CGSS 数据整理。

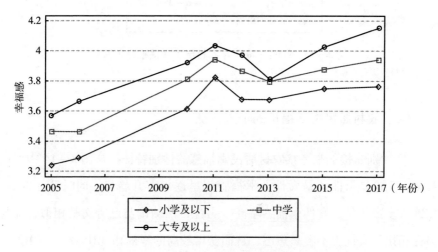

图3-15 2005~2017年农村居民幸福感的教育水平特征
资料来源：根据相关年份的 CGSS 数据整理。

③ 收入水平。收入会对个人幸福感产生重要影响，但更高的收入并不一定意味着更高的幸福感，这便是著名的"幸福悖论"（Eastterlin，1974）。本章将农村居民收入水平（月收入）分成四个水平，分别是低收入（1000元以下）、中低收入（1001~3000元）、中高收入（3001~8000元）与高收入（8000元以上）。从图3-16中可以看到，绝大多数时间段，更高的

收入确实意味着更高的幸福感水平。伊斯特林（Easterlin，1995，2005）
与布兰奇弗洛尔等（Blanchflower et al.，2004）基于发展中国家和发达国
家内部的高收入人群、低收入人群的数据发现，较高的收入带来了更高的
幸福水平。基于中国的研究中，大量文献也发现绝对收入水平的提升可以
增加幸福感（朱建芳等，2009；张学志等，2011；李树等，2012；罗楚亮
等，2017）。不过图3-16也给出了另一个信号：即随着时间的演进，不
同收入水平人群之间的幸福感差别正变得越来越小，这或许意味着幸福悖
论正在发挥作用。一方面，社会保障（如新农村合作医疗等）的覆盖、公
共基础设施的增加均有利于提升低收入农村居民的幸福感；另一方面，获
取高收入的竞争压力又会降低该类人群的幸福感。

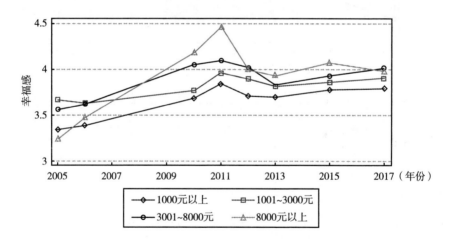

图3-16　2005~2017年农村居民幸福感的收入水平特征
资料来源：根据相关年份的CGSS数据整理。

　　④ 年龄。不同年龄的人也会有不同的幸福感受。这里，将农村居民
分为四个年龄类别，分别是19岁及以下、20~39岁、40~59岁和60岁
及以上。图3-17展示了各个年龄段人群幸福感的变化趋势。总体上讲，
各年龄段农村居民幸福感都呈逐年递增趋势。具体来看，年龄最小的组
别（19岁及以下）的幸福感居于最高水平，20~39岁人群次之，60岁

以上人群居于第三，40～59岁人群的幸福感最低。图3-17验证了过去文献的一个普遍结论，即年龄与幸福感存在"U"形关系。40～59岁人群是家里的支柱，承担了更多的家庭责任，因此也更加容易焦虑。相对应地，19岁及以下人群大都还是学生，承担的生活压力最小，因此也更容易获得幸福感。

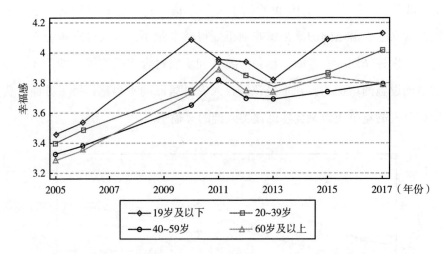

图3-17 2005～2017年农村居民幸福感的年龄特征
资料来源：根据相关年份的 CGSS 数据整理。

3.3 ▶ 互联网技术应用对农村居民福祉的影响：范例分享

3.3.1 农村居民收入视角：农村电子商务应用场景

互联网在农村地区最直接的运用便是电子商务，新技术的运用改变了传统的商业模式，极大地拓展了农副产品的销售空间，为农民增收创造了便利条件。近年来，国家对农村电商的扶持力度越来越大，电商企业逐渐开始将视线锁定在农村地区。在助推"三农"发展①的众多地区案例中，浙江省遂昌县的案例较有代表性，被誉为"遂昌现象"。接下来，通过遂昌案例讨论依托于互联网的电子商务如何提升农村居民收入，进而增进其福祉的。

（1）背景介绍

遂昌县是浙江省丽水市的一个下辖县，总人口 23.1 万，7 镇 11 乡，共辖 203 个行政村。2005 年，浙江省农村居民人均收入为 6660 元，而该年遂昌县农村居民人均纯收入仅为 3567 元，只相当于全省的 53.6% 左右②③。在这种背景下，遂昌县农村居民脱贫致富成为一个亟待解决的问题。根据阿里研究院（2013）的报告，正是从 2005 年开始，遂昌县有农户开始利用互联网销售农产品以增加收入，主要经营产品包括竹炭、烤薯、山茶油和菊米等。随后，一些服装、家具类产品也开始加入电商行列。

（2）主要措施

以 2010 年第一季度初，遂昌县组织成立网店协会为标志，该县的电子商务业务进入迅猛发展的新阶段。截至 2013 年 6 月，网商会员共有 1268 家，其中农村户口人员 621 家，占比接近一半。更为重要的是，与其他地区主营家具、小商品的农村电商不同，遂昌县属于典型的农产品电子商务。阿里研究中心在 2013 年提出"遂昌现象"后，政府出台多项政策以

---

① 阿里集团设立数字农业事业部，通过"基地直采"模式，打造数字农场；京东提出"3F"战略，包括工业品进农村战略、农村金融战略和生鲜电商战略；拼多多通过"多多农园"模式整合农业产业链条，实现消费端"最后一公里"和原产地"最初一公里"直连；字节跳动、快手等社交平台通过直播卖货模式，实现农产品精准产销对接。
② 浙江省 2005 年国民经济和社会发展统计公报 [EB/OL]. 杭州市统计局，2006 - 04 - 03. https://tjj.hangzhou.gov.cn/art/2006/4/3/art_1229279685_3491999.html.
③ 遂昌县国民经济和社会发展第十一个五年规划纲要 [EB/OL]. 丽水市发展和改革委员会网站，2009 - 09 - 08. http://fgw.lishui.gov.cn/art/2009/9/8/art_1229234088_56600238.html.

扶持该县的电子商务。2013 年，由政府牵头，阿里巴巴与遂网公司共同建设的"赶街"项目启动。该项目全称"农村电子商务服务站"，由区域服务中心和各村网点组成，在农村广泛推广电子商务，并延伸物流配送范围、进一步拓展了电子金融等其他业务，以实现为农村居民在衣食住行方面提供服务为目标，最终使农村居民完成与信息化社会的对接（阿里研究院，2013）。

（3）成效

2018 年，该县的农村电商实现 26 亿元的销售额，为 2010 年的 21 倍，同时实现了在农村区域网点的全面覆盖（陈旭堂等，2019）。从已有的历史经验看，电子商务的兴起往往得益于地区已有工业基础，遂昌却走了相反的道路，依靠电子商务催生了当地农产品销售，并进一步带动特色农业的发展。依托于互联网的电子商务极大地提升了农村居民收入。2018 年，农民人均可支配收入为 18163 元，是 2005 年的 5 倍，增速显著高于浙江省平均水平。当然，农村居民收入的快速提升并不完全来自电子商务的发展，但毋庸置疑的是，农村电商的发展对农民增收脱贫起了关键作用。互联网不仅扩大了农产品的销售市场，更为重要的是它弥补了信息不对称。通过互联网，该县个性化农产品与消费者个性化需求能以极低的成本进行匹配，特别是对那些缺少 QS 质量体系认证的农产品而言，电商平台帮助其提升了价值，助推了农民收入的增加。[①]

（4）特征事实的一般意义

从遂昌案例中可以从特征事实中抽象出一般含义，那就是互联网的发展有助于提升农村居民收入。然而，案例仅代表一个样本点，从统计的角

[①] 例如，客户询问烤薯是如何生产的，工厂还是农户自产的，更多的时候，这些客户愿意选择农户自产的烤薯（阿里研究中心，2013）。

度来看，二者是否具有正相关关系，需要进一步验证。利用统计年鉴提供的数据，绘制了互联网发展与农村居民人均收入的散点图。稳健起见，同时使用了互联网普及率和光缆线路长度来度量互联网发展水平。具体结果如图 3 - 18 所示，可以看到，无论如何衡量互联网发展程度，其与农村居民人均收入皆呈现正相关关系。该结果强化了案例所提供的特征事实，互联网确实可以通过促进电子商务发展的方式增加农村居民收入，最终提升农村居民福祉。

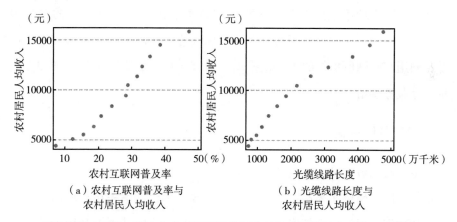

图 3 - 18　2007 ~ 2019 年农村互联网发展水平与农村居民人均收入散点图

资料来源：农村互联网普及率及光缆线路长度相关数据根据相关年份的《中国互联网络发展状况统计报告》与相关年份的《中国统计年鉴》整理；农村居民人均收入相关数据来源于相关年份的《中国统计年鉴》整理。

3.3.2　农村居民健康视角：医疗信息网络建设应用场景

如何克服空间距离，让农户享受到更好的医疗服务，进而提升其福祉是乡村振兴的一个重要内容。随着互联网技术的发展，互联网在医疗健康领域的应用正成为该问题的有效解决方案。运用基础信息网络、信息化医疗设备等多种形式，打通省、县、村三级医疗机构的信息流通渠道，为实现网上医疗、远程医疗提供基础保障。陕西省镇巴县的"数字乡村 + 健康"模式具有一定代表性。接下来分析该案例，并从该案例所提供的特征事实中进一步明晰互联网发展与农村居民健康的互动关系。

(1) 背景介绍

镇巴县为陕西省汉中市辖县，该县共 3437 平方千米。2019 年，镇巴县实现生产总值 92.45 亿元，该县人均收入仅为 17458 元，[①] 排在汉中市最后一位，可见其经济发展水平并不乐观。落后的发展水平同样反映在医疗方面。近年来，镇巴县各医疗卫生机构间信息共享不充分，医疗协作难开展，综合管理不便捷等问题严重影响该县居民获得较高质量的医疗服务。针对该问题，镇巴县开始打造"横向到边、纵向到底"的医疗卫生体系，利用互联网所提供的大数据推动"数字乡村+健康"项目，增加高质量医疗服务供给。

(2) 具体措施

镇巴县的数字健康项目从三个方面展开。其一，整合资源，建立医疗数据库。同卫生健康委员会合作，依托大数据平台，率先在县域内实现健康扶贫数据与居民健康档案、电子病历的连接，此次基础上利用大数据作出分析和预测，最终构建伴随居民生命全周期的健康数据链。大数据平台不仅能够分享医疗信息，还能有效监督医保资金使用，从而提升专项资金使用效率。[②] 镇巴县还自主构建了覆盖全县医疗卫生机构的信息网络，包括区域 HIS、公共卫生服务、妇幼保健、计划免疫等，通过电子化办公提升医疗机构及医务人员的办公效率。

其二，推进"互联网+健康扶贫"的创新应用，开发家庭医生签约服务管理和电话跟踪随访系统软件，专门用于家庭医生签约服务的信息

---

① 镇巴：铺就脱贫致富路小康路上路先行 [EB/OL]. 陕西网，2020 – 08 – 05. https：//www.ishaanxi.com/c/2020/0805/1776684.shtml.

② 利用医疗大数据对医疗机构进行实时监管，年均发现并纠正不合规医疗行为 3300 余人次，扣减合疗基金 50 余万元。具体信息参见：http：//www.zb.gov.cn/zbxzf/tpgj/201809/t20180925_540428.shtml.

传递。家庭医生在签约随访服务中，通过手机 App 实时上传随访服务内容，实现医疗服务的动态化和可视化管理，提升服务效率。将全面健康信息和第三方平台绑定，解决医患关系中信息不对称的问题。更为重要的是，该软件还专门增加贫困户就诊即时通功能，为低收入群体提供更多保障。

其三，开展远程医疗服务。依托县级医疗卫生单位，建立了远程医学教育培训、区域影像、检验、心电远程会诊中心，有效解决了基层技术薄弱和边远群众看病难的问题。

(3) 主要成效

从 2015 年实施该项目开始，镇巴县在线医学教育培训 3600 余人次；全县 183 个村卫生室、21 个镇卫生院、3 所县级医院与 8 家省市三级医院建立远程诊疗服务体系，近 3 年累计 2700 余人次接受远程诊疗服务，农村群众在家门口就能享受到大医院专家的诊疗服务。截至 2020 年，全县县级公立医院门诊、住院人次稳步增加，这意味着通过各医疗机构的信息协同，县级医院的医疗水平有了明显提升。县级医院平均住院日连续 3 年呈下降趋势，门诊费用增幅低于控制指标，住院次平均费用下降 18.23%，县域内就诊率达 91.5%，基层就诊率达 60%。

(4) 特征事实的一般意义

随着互联网的发展，越来越多的地区通过构建网络信息数据平台提升医疗服务质量。例如在天津市津南区，同样依靠互联网搭建了全面健康信息平台，实现区域内医疗信息共享和检测。可以预见，当信息共享和远程医疗等服务在农村地区广泛开展时，一个直接的后果便是显著提升了农村地区医疗水平，这有助于农户就近就医，使其不用远途奔波就能享受到良好的医疗健康服务。在一般意义上对该结论进行考察发现，随着互联网的发展，县级医院诊疗人次明显增加，两个变量间的正相关关系意味着互联网发展可以提升农村居民的健康水平，从而提升福祉（见图3-19）。

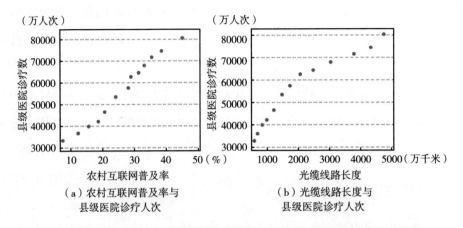

（a）农村互联网普及率与
县级医院诊疗人次

（b）光缆线路长度与
县级医院诊疗人次

图3-19　2007～2019年农村互联网发展水平与农村居民健康水平散点图

资料来源：县级医院（含县市级）诊疗人次根据2007～2020年《卫生发展统计公报》《卫生和计划生育事业发展统计公报》《卫生健康事业发展统计公报》整理；农村互联网普及率及光缆线路长度相关数据根据2007～2020年《中国互联网络发展状况统计报告》《中国统计年鉴》整理。

3.3.3　农村人居环境治理视角：智能化管护平台应用场景

伴随着互联网的发展，新技术正逐渐成为改善农村人居环境的重要手段。依托于互联网，结合高清视频监控、物联网、人工智能等信息化手段，可以对农村垃圾收运、污水处理、村容村貌等人居环境进行有效监测，从而有效改善农村环境，提升农村居民福祉。这里，引入江西省武宁县的案例，旨在说明互联网发展是如何促进农村人居环境提升的。

（1）背景介绍

武宁县，隶属江西省九江市，位于江西省西北部，县域面积3507平方千米。2019年，武宁县完成生产总值168.22亿元，农村居民人均可支配收入 16784 元。[①] 2018 年以来，武宁县大力推进农村人居环境整治，利用人工智能技术调度改善农村人居环境就是具有一定代表性的做法。

（2）主要措施

从可得的资料看，武宁县制定了农村管理精细化、群众上报便捷化、问题处理及时化和长效管护科学化为目标，按照"镇村联动、产村一体、景村融合、建管并重、普惠共享"的思路，积极探索信息化、数字化手段，促进农村居民人居环境改善，切实提升农民福祉。其具体举措有：

其一，建平台、抓管护。武宁县投入 2000 余万元，联合移动运营商使用物联网、云计算等信息技术，构建人居环境长效治理平台。以"一平台、一中心、一张图、一个端"运行模式，将全县农村生态环境和农村居民生产生活区域统一纳入一个立体空间，构建"乡村大脑"，实现整治农村人居环境工作的统一指挥调度、物联预警分析研判及长效管护综合管理功能。在该管理平台上，分置垃圾处理、污水处理等板块，嵌入垃圾桶满溢监测、污水水质监测、厕所气味监测、村容村貌监测、大喇叭一键喊话广播等功能。通过平台采集村居环境治理大数据，并对大数据进行有效处理，为村居治理提供可选择的适合方案。

其二，远程监控。在全县 178 个行政村和 309 个重点自然村以及乡村主要交通路口、人流量大的密集场所配备 565 个探头，实时联网接入指挥大厅调度中心。利用 5G + VR 技术，对各地村容村貌、142 个污水处理站（厂）运行情况和境内环境状况进行 360 度无死角、全方位监控。积极践行"垃圾分类工作就是新时尚"的要求，推广至全县一类村庄并配备 226 套智能垃圾箱，各乡镇 27 辆垃圾收集车辆根据垃圾箱满溢情况的预警信息实时处理，车辆活动轨迹自动录入平台。通过远程监控

---

① 武宁县 2020 年政府工作报告［EB/OL］. 九江市委市政府门户网站，2020 - 05 - 08. https：//www.jiujiang.gov.cn/xxgk/xzwgk/jggk/gzbg/xzfgzbghb/202008/t20200805_4502583.html.

返回的数据，杜绝了过去先污染后治理的传统模式，能够实时维护村镇环境。

其三，有效监督。信息平台提供了有效的监督手段，首先对老百姓而言，武宁县人居环境治理"万村码上通"长效管护平台与省农业农村厅平台实现数据互联互通，形成了"上报、整改、监督、反馈、考核"完整的群众监督机制。平台试行"省市县乡村"五级响应自动升级，村级未及时处理的，24 小时后自动跳至乡级，3 天后跳至县级，5 天后跳至市级，7 天后省级督办。另外，依托 5G + 长效管护平台的大数据，对全县"三农"工作进行精准考评，依据考评结果构建奖惩机制，从而推动村居环境改善的治理工作。

(3) 主要成效

中央网信办《数字乡村建设指南 1.0》提供的数据显示，武宁县"万村码上通"长效管护平台的推广使用，畅通了监管和投诉渠道，做到了村庄环境"一网统管"，有效改善了农村人居环境。数据显示，已接入平台的 939 个一类村庄，累计上报事件 6343 件，完结 6025 件，完结率达94.56%。先进的信息化手段有效改善武宁县人居环境，提升了农村居民福祉。

(4) 特征事实的一般意义

武宁县的案例提醒我们，基于互联网的信息平台可以有效提升农村人居环境，进而达到提升农村居民福祉的作用。在更一般的意义上，二者的关系是否仍然成立？利用国家统计局的相关数据，本章考察了互联网发展与农村绿化覆盖率两个变量的相互关系。图 3 - 20 证实了案例中的结论，即随着互联网的发展，农村绿化覆盖率显著提升，人居环境得到有效改善。当然，这里考察的仍是二者的相关关系，在后面的实证研究中，还将进一步讨论二者的因果关系。

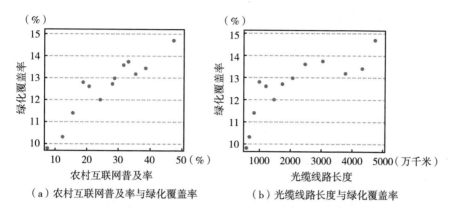

（a）农村互联网普及率与绿化覆盖率 （b）光缆线路长度与绿化覆盖率

图 3 – 20 2007～2019 年农村互联网发展水平与农村人居环境散点图

资料来源：绿化覆盖率数据根据相关年份的《中国城乡建设统计年鉴》整理。

3.4 ▶ 本章小结

本章首先回顾了农村互联网的发展历程，2007 年，农村互联网普及率仅为 5.1%，到 2020 年，该指标上升为 55.9%，年均增长率高达 15.5%，更多的农村居民开始使用互联网。在个体特征方面，男性、初中学历、20～39 岁、中低收入群体成为农村网民的主要群体。农村居民上网使用最多的是互联网的信息获取功能与网络娱乐功能。商务交易功能的使用率较低，但增长势头明显。用幸福感衡量的主观福祉表明，农村居民幸福感在 2005～2017 年呈现逐年递增趋势。女性、高学历、高收入水平的农村居民拥有较高主观福祉。使用收入、就业、公共品供给和生态环境等变量对客观福祉进行初步评价，其结果同样表明，农村居民客观福祉改善明显。通过典型案例分析，明晰互联网技术应用影响农村居民福祉的经验事实，发现互联网技术应用有助于提高农村居民收入，各地区可以通过构建网络信息数据平台提升医疗服务质量，最终使农户获得更好的医疗健康服务，而互联网智能化管护平台的运用也可以有效提升农村人居环境进而提升农村居民福祉。利用宏观统计数据对上述特征进行一般意义上的考察，发现互联网发展与收入、健康、生态环境等变量存在正相关关系。

第 4 章

互联网技术应用对农村居民
福祉的影响机制分析

本章是互联网技术应用与农村居民福祉的作用机制分析。在前面论述的基础上，进一步明晰农村居民客观福祉和主观福祉的意涵。具体而言，将农村居民客观福祉拆分为基础功能、发展功能和可持续功能，并针对每一功能包含的子维度展开分析。主观福祉方面，其包含认知与情感两个维度。在互联网对福祉的影响机制分析中，本章首先阐明了其对福祉各子维度的影响，进而说明其对福祉的影响过程。

4.1 互联网技术应用与农村居民客观福祉

4.1.1 农村居民客观福祉的构成维度

由前面的分析，森的可行能力框架是一种更加全面、务实且符合当下中国社会文化条件的福祉评价标准，其认为福祉的信息基础是"功能—能力"，增进福祉的最终目的是扩展自由。功能是一个人生活中的各种活动或状态，而能力是从功能推演出的概念，其是可以实现的功能集合。这与斯堪的纳维亚模式中的资源概念具有共同之处，即生活的客观方面决定了人们的生活质量，每个个体可以按照自己的偏好来决定自己的生活，而其中"能力或资源"可以看作达到目标的手段（周长城等，2009）。故本章以此为起点，首先构建基于可行能力的基本功能结构。

森认为价值体系不同、发展阶段不同，可行能力相应的也具有不同的意涵，因此其并没有提出一个具体的可行能力清单。著名的女性哲学家努斯鲍姆，在这个方面做出了努力，进一步区分了基本能力、内在能力和组合能力三个概念，同时提出了10项人类的核心能力，具体包括生命、身体健康、身体完整、判断力、想象力、思考能力、情感、实践动机、归属、其他物种的能力、玩耍、对个人所处环境的控制能力等（努斯鲍姆，2014；努斯鲍姆，2020）。但其所提出的人类能力，具有一定的特殊性，其主要是从个人主义视角出发，而关注和解决群体问题与个人存在一定的差异，因此适应性有所不足（田建国，2019）。而目前较为重要的基于可行能力构建的福祉评价体系主要有联合国开发计划署制定的人类发展指数（HDI），教育、健康、收入三种最为基本的功能作为评价人类能力的标准，目前已经有了广泛的应用，但又由于其评价维度相对较少虽然具有较强的操作性和可比性，但却不能全面反映一个国家的福祉状态，也不能体现其的独特性和差异性，而这也成为HDI指数的一个弊端。目前多数从能力角度评价福祉的文献与研究，如社会进步指数（ISP）、OECD的美好生活指数（BLI），国内受可行能力影响的如国务院发展研究中心制定的中国民生指数、国家统计局编制的全面小康指数、中国社会科学院吴国宝团队关于农民福祉研究项目成果（吴国宝，2014），并未探讨人类的功能结构。田建国等（2019）认为，由于现实是丰富且多样的，要提高哪些可行能力，需要以丰富的信息为基础。在脱贫攻坚胜利收官和全面建成小康社会后，我国社会发展的最大制约和突出短板是城乡之间发展不平衡、农村发展不充分，聚焦于农村居民群体意义重大，这是"重叠共识"，因此在这一背景下，基于可行能力构建符合当前中国发展实际的农村居民的可行能力清单是明确的。

功能结构具有建构性和工具性作用，一方面体现一系列的可行能力本身即是福祉必不可少的组成部分的自身固有的重要性，另一方面体现作为增进福祉的手段其所起的工具性作用的重要性（Sen，1999）。在此框架下，存在表征各部分的具体能力指标，能力指标多种多样，因此聚焦目前我国社会发展最大的不充分是农村发展不充分这一主要短板，将当前存在不均衡的值得强调的能力分布在不同的功能结构之中。尝试构建农村居民可行能力清单，有助于探讨如何直接或间接地帮助农村居民按自己合意的方式更好地生活，同时为公共政策的制定提供参考和依据。因此，本书参考现有文献结合农村发展实际，提出了农村居民可行能力功能结构，并在功能结构的基础上提出了一个完整的农村居民能力指标评价体系。

借鉴田建国等（2019）的研究，同时考虑到本章研究对象的特殊性，将农村居民发展所涉及的功能划分为三类，依次为基础功能、发展功能、可持续功能，而这也构成农村居民客观福祉的三个维度。三个功能维度能直接拓展农村居民的可行能力，也能相互补充强化，最终促进农村居民整体能力的提升，而功能结构的两种作用也通过做这种经验关联结合在了一起。基础功能与农村居民的生存自由密切相关，应该被优先发展。发展功能代表农村居民整体的综合发展能力，发展功能的提升可以创造更多社会机会，不仅对农村居民个人生活，而且对更有效地参与经济及政治活动也是重要的，其扩展了个人自由的作用范围，发展功能有益于其他功能的实现（Sen，1999）。可持续功能是实现各种功能的基本遵循和先决条件，是构成人类工具自由的重要范畴。具体而言有以下三点。

第一，基础功能维度。其涉及人类发展所需要的最基本的可行能力，应予以优先发展的功能，具体来说包含收入水平、教育和健康能力。健康、教育与收入是人类发展指数（HDI）的重要组成部分，是人类客观福祉的核心维度。根据可行能力理论，将收入水平作为基础功能是因为其是人们维持基本生活需求的必要条件，基本的生活需求是其他一切功能活动得以实现的基础。教育是人拓展自身自由选择权利的根本途径，森（Sen，1999）认为良好的教育能够直接提高生活质量，并对其他功能的成功获取具有较明显的影响，受教育水平越高，个体所掌握的知识与技能也就越多，故其可以更顺利地参与那些按规格生产或对质量等进行管理的经济活动，同时更好地与社会发生联系，进而扩大其维持生活的可行能力集（杨娟等，2015）。森在对比中国和印度的发展经验时也认为，自20世纪80年代以来相较于印度，中国得以快速发展，人民生活水平得以快速提高，除了印度进行改革较迟等因素外，关键原因在于在教育等方面其远远落后于中国（Sen，2014）。同时，健康能力同样具有基础作用，该能力一直被学者认为是最重要的基础功能维度，人的健康一旦出现问题，其他一切功能的获取都将会受到严重影响。基础功能的实现不以其他功能的实现为前提条件，基础功能可以对其他功能提供有益支持。

第二，发展功能维度。该维度是代表农村居民发展进步的能力，其影响农村居民赖以享受更好生活的实质性自由。比较而言，基础功能更具有一般意义，无论社会处在哪个发展阶段，教育、健康等基础功能都是不可或缺的。发展功能则更多地刻画了一种面向未来的能力，即在未来拥有更高福祉水平的能力。发展功能需要构建在基础功能之上，它不能只反映总体的功能水平，还应考虑到异质性人群特别是低收入人群的发展功能，只有这样，发展功能指数才能够更好地反映一个国家或社会面向未来的能力。参考人类发展指数（HDI）、OECD的美好生活指数（BLI），中国社会科学院吴国宝课题组（2014）、魏后凯课题组（2020）、申云等（2020），田建国等（2019）、王圣云等（2018）的研究，使用生活便利程度、生活水平、社会保障，代表农村居民的发展能力。需要指出的是，中国现阶段的主要任务是破解城乡间、区域间存在的可行能力的差距，故在衡量农村居民客观福祉的发展功能时暂不考虑上层建筑能力的发展（田建国，2019）。该部分涉及较多公共产品供给内容，森（Sen，1999）认为要以公共行动来创造条件，使市场得以发挥良好的作用。具体地，当政府提供适当的公共政策（涉及提供便利的生产、生活性基础设施，通过土地改革提高土地等资源的利用效率，加强防护性保障等），才有机会在市场运行中，使其所提供的机会被合理地分享，从而增加更高的公平性，促进可行能力的提升。此外，无论一个经济体运行得多么好，总有一些人由于物质条件对他们生活产生不利的变化，而处于受损害的边缘或实际上落入贫苦的境地，如低收入、年老、残疾群体及灾民等。因此，需要建立一些固定的制度性安排及临时应需而定的安排，而这也是一项基本建设，可为其提供生活必需品改善生活条件，其构成可行能力的一部分。由此，发展功能的衡量不能仅将农村居民的平均发展水平作为衡量的仅有标准，其除反映大多数农村居民的功能表现外，还需要反映受损害的农村居民的功能表现，综合评价发展功能。

第三，可持续功能维度。目前已存在较多对可持续发展的定义，但被大众所广泛接受的定义是在 1987 年，由世界环境与发展委员会在《我们共同的未来》报告提出的，其具体被定义为"能满足当代人的需要，又不对后代人满足其需要的能力构成危害的发展"（田建国等，2019）。亚当·斯密在《道德情操论》中曾表达过对"挥霍浪费者"的活动所造成的浪费的担忧，浪费性投资者有更大的借款能力，但却缺乏为大众的生活做好事的能力（Sen，1999）。而这对森对涉及空气、水源等污染的环境保护问题的理解产生了一定影响，在森的视角下，可持续功能发展的成功与否应该以人们是否以考虑环境公平、后代利益的理念去自由生活及以享有的开创这种生活的实质自由为标准。同时，环境挑战作为涉及"公共物品"的资源配置的更一般问题的一部分，为高效提供这一公共物品，还需考虑国家行动和社会提供的可能性。当前来看，对农村居民生活影响最深远的是生态环境中的农村人居环境和农业生产环境及气候变化。因此，应对人居环境、农业生产环境和气候发生变化的能力是衡量可持续功能的重要方面。

4.1.2 互联网技术应用对农村居民客观福祉的影响机制分析

(1) 互联网技术使用对农村居民基本功能福祉的影响

农村居民基本功能福祉主要包含收入、教育和健康三个维度的内容，接下来分别讨论互联网在这三个方面的作用。

收入方面，互联网以及搭建其中的相关农业信息平台能够较为广泛且迅速地传播农业信息，包括农业技术知识、农产品市场等。当然，其中的关键还在于互联网技术的广泛运用降低了农村居民获取信息的成本（Aker，2011），从而有助于农村居民更有效地利用市场信息，合理安排生产，进而提高农业收入。互联网改变了信息不对称的状况，提升了小农户与中间商讨价还价的能力（Courtois et al.，2015），同时，信息技术的运用还可以有效协调偏远农村的市场参与度，让其通过融入城市经济来提升农产品价格（Goyal，2010）。从投入要素的角度来看，互联网可以改变农户的农资购买行为和渠道，互联网平台的规模优势降低了农业投入品价格，从而有助于提升农业利润。同样由于信息不对称因素的制约，农村土地流转常常缺乏效率。互联网所提供的信息分享机制有利于提高土地流转效率，使得土地这一生产要素从边际生产力较低的农户流向边际生产力较高的农户（Deininger et al.，2005）。在产出方面市场信息获取将帮助农户改变投资策略，种植回报率较高的作物，并改变经营策略（肖瑜，2013）。更多信息的获取改变了过去生产要素的分配形式，从而能够在带来总产出提升的同时，改善全要素生产率（Nakasone et al.，2014）。

在健康方面，互联网的信息功能再次发挥了作用，农户可以通过网络搜寻医疗卫生知识，从而提升健康水平。除了农户的主动搜寻，互联网也为医疗资源获得途径提供了更多可能性。一个直接的例子是，"好大夫""丁香医生""平安好医生""阿里健康"等依托于互联网搭建的健康平台不仅可以提供信息咨询服务，还具备疾病初步诊断、疾病预防等功能，这有利于引导农户有序参与分级诊疗，从而提升医疗系统的服务效率，防止对优质医疗资源的盲目挤兑。另外，一个容易被忽视的机制是，互联网可以通过降低沟通成本而加强非正式社会支持，进而对农村居民健康产生正向影响。当下，亲戚、朋友的支持是社会医疗保障制度的重要补充。有研究表明，具有互助特征的非正式社会支持强化了疾病风险在亲朋邻里间的分担，因而促进了农村居民健康状况的改善（李东方等，2018）。

最后是教育维度。与城市相比，农村的教育发展水平相对落后，互联网的发展为弥补这一差距提供了可行的解决方案。这里，"慕课""网易公开课"以及各大中小学提供的线上教学视频已相对完善，互联网降低了农村居民的学习成本，从而有利于教育水平的提升。不过，一个需要提醒的问题是，互联网可能造成教育的"数字鸿沟"。一些文献表明，高社会经济背景人群在筛选信息和利用信息方面具有优势，这种优势有利于家庭进行更有效地人力资本投资（Attewell，2001）。换个角度看，对低社会背景的人而言，由于无法从互联网中筛选出有效信息，使得不同社会阶层利用互联网提升人力资本的能力存在显著差异。对农户而言，家庭父代受教育水平相对较低，如何利用互联网提升子代受教育水平或许将成为一个关键问题。

（2）互联网对农村居民发展功能福祉的影响

农村居民发展功能福祉同样包含三个维度的内容，分别是生活便利、生活水平与社会保障。综合来看，这三个维度均与政府提供公共服务的能力相关。例如，农村公路密度是衡量生活便利程度的重要指标，它反映了政府提供基础设施的能力。互联网的发展对农村居民发展功能福祉产生影响，一个主要的影响渠道来自其对政府提供公共服务传统逻辑的改变。农村居民发展功能福祉是一组包含私人信息的变量，如何增进该功能福祉需要充分了解这些私人信息。互联网的发展大大降低了获取私人信息的成本，从而可以有针对性地促进发展功能的提升。互联网信息生产和传播特性有效降低了农村居民与政府之间的信息不对称性。作为一个开放、透明以及免费的信息平台，互联网更加注重受众的话语权，这有利于农村居民以较低的成本发送关于发展功能福祉的私人信息。进入 21 世纪以来，中国特别是中国农村的发展速度日益加快，这意味着农村居民发展功能福祉的内涵也在不断变化之中。然而，大多数地方政府依然采取偏向生产性支出的财政政策。该现象意味着，地方政府并没有完全意识到居民的需求偏好已经从温饱转变为公共服务建设。信息不对称或许是造成这种发展错位的重要原因之一。近年来，中央政府越发关注居民需求偏好的演变问题，并认为互联网将成为解决该问题的重要工具。[①] 随着微信、微博、抖音等互联网平台的普及，农村居民已经可以更广泛地了解信息与传播信息，使其民生诉求更容易被政府发现，从而弥补居民需求与政策供给的匹配问题。另外，基于互联网打造的数据平台扩展了农村居民的发展功能福祉，提升了服务效率。这一点在社会保障指标方面反映得尤为明显。人力资源社会保障部于 2016 年制定《"互联网 + 人社" 2020 行动计划》（以下简称《计划》），旨在利用互联网构建一个高效的社会保障信息服务平台，从而提升社会保障服务水平。《计划》指出，建立统一的公共服务信息平

---

① 2014 年，国务院颁布《关于加强政府网站信息内容建设的意见》指出，要加强各级政府信息化和网络化建设，加强与居民的互动交流。2016 年中央网络安全和信息化工作座谈会再次指出，发挥互联网优势，促进基本公共服务均等化。

台，统一线上服务入口，实现全业务、多渠道的便捷服务。更为重要的是，该平台可以利用大数据技术，对服务诉求进行动态分析，为各类对象提供针对性服务。在互联网技术的运用下，农村居民享受社会保障服务的质量大大提升了。此外，新技术的运用大幅降低了旧模式下社会保障信息整理、传递和分享的成本，提升服务效率的同时降低了相关行政开支，这会变相降低农村居民购买相关社会保障的支付价格，从而达到提升客观福祉的目的。

(3) 互联网对农村居民可持续功能福祉的影响

农村居民可持续功能福祉与环境状况密切相关。接下来，详细讨论互联网是如何影响环境状况，进而影响农村居民可持续功能福祉的。首先，环境管理信息平台的建立可以帮助环保部门及时、准确地掌握环境污染状况，并及时采取措施控制污染水平，有效改善环境质量。其次，环境污染特别是大气污染与水污染具有很强的负外部性，环境监管的网络平台在县（市、区）、市、省（区、市）层面分享信息将有利于各地区协同合作，共同处理环境问题。此外，居民可以通过互联网表达其环境诉求，进而起到抑制环境污染的作用。大量学者对该机制进行了实证检验。郑思齐等（2013）利用谷歌搜索功能度量了公众对环境关注指标，发现公众关注环境可以有效推动地方政府更加关注环境治理问题。李欣等（2017）也将网络舆论作为非正式环境规制程度的度量指标，发现网络舆论确实有助于缓解雾霾污染。史丹等（2019）利用百度搜索获取网民关注污染问题数据，发现网民对 PM2.5 关注度最高，大气污染和水污染次之，土壤污染关注度最低。网络舆论通过两个渠道影响环境治理，其一，网络关注所引发的舆论效应会影响企业形象，抑制其排污行为。其二，政府会对网络舆论作出反应，制定新的环境规制政策。这里有一个值得注意的问题是，互联网的舆论监督作用更容易在空气污染这类大众比较容易感知的领域发挥作用，而土壤污染所获得的关注度相对较低。对于农村居民而言,农业的基础仍是土地,故土地的污染程度将直接影响其可持续发展福祉。不过正如前面文献指出的那样,互联网平台对土壤污染缺乏关注,这样我们有理由怀疑互联网的公众监督是否在该领域发挥了作用①。最后,互联网对环境的影响可能来自一种间接机制,这种间接机制与互联网的经济效应密切相关。相对于城市地区,农村地区经济发展水平相对落后,此时,互联网的发展在促进农村经济增长的同时带来了更多的污染。举例来说,当电商平台通过规模经济压低化肥的销售价格时,农户为实现生产者均衡,其理性的行为当然是提升化肥的使用数量,而这显然不利于保持土壤质量。与客观福祉的其他功能维度不同,互联网对可持续功能维度的影响并不明确,其效果还取决于正负效应的大小。在后面关于农村居民客观福祉的实证研究中,将再次说明这一点。互联网发展对农村居民客观福祉影响的路径详见图4-1。

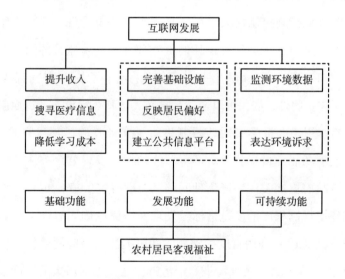

图 4-1　互联网发展对农村居民客观福祉影响路径

资料来源:笔者绘制。

---

① 事实上,互联网监督在水污染和空气污染方面的作用并不明确。徐圆(2014)的研究表明,互联网上公众对环境问题的关注度并没有显著抑制工业废水排放,同时对工业二氧化硫的抑制作用也不明显。

互联网技术应用与农村居民主观福祉

4.2.1　主观福祉的概念分解

主观福祉（subjective well-being，SWB）是人们根据内在标准对生活质量的整体性评价，并由此产生的积极心理状态（Diener et al. ，1999；Diener，2000）①。由前面概念界定可知，主观福祉被分解为认知和情感两个维度（Andrews et al. ，1976）。具体来看，认知维度主要是个体基于某些标准对生活质量所作出的主观判断。整体生活质量不仅表现为对当下生活的满意情况，还包含对过去以及未来生活的满意程度，甚至还会涉及他人对我的生活满意度。进一步地，生活中的更多领域被纳入认知维度，包括工作、家庭、健康状况、经济状况以及所属阶层，等等。情感维度方面，又被细分为积极情感和消极情感。积极情感包括欢喜、振奋、骄傲、快乐，等等。消极情感则包括悲伤、气愤、紧张、抑郁，等等。一般来看，积极情感和消极情感只是个人情绪的不同表达，仿佛一枚硬币的两面，当我们定义了一种积极情感例如欢喜时，同时也在一定程度上定义了消极情感中的悲伤。在感受频率方面，这种关联性更加一目了然。在限定的时间内，一个人体验到的积极情感越多，所体验到的消极情感自然越少。然而，一系列的研究却表明，积极情感和消极情感具有相当的独立性（Bradbum，1969；Zevon et al. ，1982）。当然，也有学者批评这种独立性仅是数据收集中的平均意义上的统计现象，而并不能视作二者之间没有关联。不过，神经科学的相关研究也确实表明，积极情绪和消极情绪分别刺激了大脑的不

---

① 该概念同时也是学界认同的幸福（Happiness）定义。在本书的研究中，主观福祉与幸福是等价的。

同区域[①]，这为独立假说提供了一定的依据。事实上，除了两种情绪，主观福祉所包含的认知维度和情感维度是否具有关联性也引起了学者们的兴趣，不过并无定论[②]。在接下来的分析中，我们还是从认知、积极情感与消极情感三个维度来梳理互联网对主观福祉的影响。

4.2.2 互联网技术应用对农村居民主观福祉的影响机制分析

(1) 技术效应

互联网通过本身所具备的技术属性影响农村居民主观福祉。更具体地，互联网可以通过其技术所带来的外溢效应影响农村居民的认知，进而影响主观福祉。旧有的生产函数多以规模报酬不变（或递减）为特征，而互联网技术的运用则使规模报酬持续递增成为可能。其一，在幸福经济学中，社会资本与主观福祉之间存在稳定的正向关系（D'Ambrosio et al.，2012；Bartolini et al.，2014），而互联网是有效积累社会资本的新路径。其作为一种高效的沟通工具，随着技术的发展获取价格日益降低。特别考虑到互联网所具有的独特的规模报酬递增特征，越多人的参与会更加增进局中人的得益。对于传统农区而言，分散的居住模式无疑从空间上降低了交往频率，但互联网的广泛应用有利于消除区位所带来的交往成本，提升人际交往频率，从而增加农村居民社会资本。

其二，互联网所提供的技术支持促进了生产效率的提升，同时也创造了更多商业机会，进而促进了农村居民收入的提高。许多学者的研究表明，互联网与国家和地区的经济增长存在显著的正向联系，并且该结论也

---

① PET正电子发射断层扫描技术显示，愉快、悲伤等情绪能够激活丘脑和前额叶皮层，所不同的是，愉快激活的是左半球前额叶皮层，悲伤激活的却是右半球前额叶皮层。

② 苏等（Suh et al.，1998）发现，主观福祉中，认知维度与情感维度的平均相关系数为0.46。然而，在不同国家，二者的相关性存在显著差异，在集体主义国家，相关系数为0.6，而在非集体主义国家仅为其一半，在0.3左右。

在微观数据层面得到了支持，那些使用互联网的企业确实有着更高的生产效率（Majumdar et al.，2010；Grimes et al.，2012）。具体到本书所关心的农村地区，斯滕伯格等（Stenberg et al.，2009）发现2002~2006年，拥有较高互联网普及率的农村地区在工资、就业机会，非农雇主以及私人收入方面都有更快的增长率。互联网在中国，特别是在中国农村地区的推广相对较晚，但其作用与国外并无太大差异。其可以提供更多就业渠道及就业信息，创造更多非农就业机会，从而显著提升农村居民收入，缩小城乡差距（刘晓倩等，2018；程名望等，2019；苏岚岚等，2020）。另外，正如前面所述，构成主观福祉的幸福维度还包含涉及生活细分领域的满意度，如家庭、工作和社群等。可以看到，互联网可提供更多就业渠道及就业信息，增加农村居民自主创业以及进入城市非农部门工作的机会（Stenberg et al.，2009；Whitacre et al.，2014）。新的工作环境和工作类别会对家庭、工作等细分领域的满意度产生影响，从而影响主观福祉。综上所述，互联网的技术效应特性可以提高农村居民的收入，进而提升其生活满意度，这是从认知的维度提升其主观福祉。但需要指出的是，也有文献表明，更富有和更高教育程度的人群能利用互联网创造收益，那些社会经济地位较低的群体更不容易享受到信息技术变革带来的红利，这就是所谓的"数字鸿沟"（DiMaggio et al.，2008）。绝对收入的提升可以改善农村居民主观福祉，但如果互联网导致了相对收入的扩大，那么收入不平等就很可能通过降低生活满意度而对主观福祉造成负面影响[①]。故互联网到底是增加还是降低整体生活满意度，取决于绝对收入和相对收入带来的影响程度大小。

其三，由于互联网的使用，重塑了农村居民对传统行为的认知。一方

[①] 何立新等（2011）的实证研究表明，收入不平等对中国居民的幸福感存在负面影响，并且对社会弱势群体的负面影响将更大。这里，如果我们在一定程度上将农村居民理解为弱势群体，则可以推断出互联网所带来的收入差距将对其主观福祉产生更大的负面影响。

面，由于互联网的价值示范效应，更容易让城市部门的择业观念传递到农村，这会增加农村劳动力转移到城市工业部门和服务业部门的意愿，这更有利于提高农村居民的收入，进而提升其主观幸福感。另一方面，互联网的使用改变了农户的消费习惯，淘宝、京东等电子商务的发展扩展了农村居民可选择的消费集合，根据偏好理论中关于消费品的非餍足性与单调性假设，这将有利于提升农村居民的主观幸福感。同时，电子商务的发展可以提供更多商品信息，这有利于农户掌握市场信息调整消费习惯。

（2）信息效应

与技术效应不同，信息效应更多地通过情感维度来影响主观福祉。互联网的广泛运用导致了信息的爆炸式增长，伴随着通信基础设施的迅速普及，信息获取的成本极大地降低了[①]。格拉汉姆等（Graham et al.，2013）将信息看作一种商品，认为其也受边际效用递减规律的影响。对于那些拥有信息量较少的人（贫穷国家人群和低收入人群），互联网对其主观福祉的提升作用较为明显。另外，互联网的普及可以降低信息搜寻成本和不对称信息，同时提供一些新的服务，例如数字银行等。更重要的是，从森的可行能力视角出发，手机和互联网扩展了人们搜集和处理信息的能力，这无疑会带来积极的情绪影响，从而提升主观福祉。正因如此，阿克尔等（Aker et al.，2011）认为，互联网在提高主观福祉方面具有内生的工具性价值。互联网降低了交换信息的成本，提高人与人之间的互动水平，从而降低人们的抑郁水平，带来了积极的情绪体验。不过，也有学者注意到，互联网的信息效应到底是带来积极情绪还是消极情绪，可能和信息接收的量有关。格拉汉姆等（Graham et al.，2013）显然也注意到这种较为复杂的情况。他们指出，当个体接受大量的新信息时，压力也会随之增大。特

---

① 从信息供给方的角度来看，生产信息的边际成本几乎为零，这一特征使得绝大多数信息的定价可以非常低。

别是当互联网普及率提高到一定水平后，此时的网络外部性足够大，个人很容易使用信息技术（包括通信和娱乐等）来替代现实情境中更有意义的活动。例如，弗雷等（Frey et al.，2003）的研究发现，更多地观看电视节目会降低生活满意度。特别地，当互联网的使用主体不能较好地自我控制时，网络成瘾的现象将会出现，从而对心理健康产生负面影响，增加孤独感，甚至诱发抑郁症（Chen，2012；Kraut et al.，2015）。

有关互联网发展对农村居民主观福祉的影响路径框架如图 4 - 2 所示。

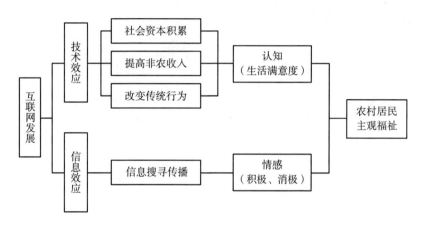

图 4 - 2　互联网发展对农村居民主观福祉的影响路径
资料来源：笔者分析整理而得。

4.3 ▶ 本章小结

本章将农村居民客观福祉拆分为基础功能、发展功能和可持续功能三个功能层次，进一步地，从收入、教育和健康三个维度刻画基础功能，从生活便利、生活水平与社会保障三个维度刻画农村居民发展功能，从环境状况来刻画可持续功能。明晰概念之后，从更加细致的角度讨论了互联网技术应用对农村居民客观福祉的影响。互联网通过其信息功能提升农村居民的收入水平、教育水平和健康水平，进而提升客观福祉。另外，利用互联网搭建的公共信息平台可以从功能和信息传递两个方面改善农村居民发展功能。以环境指标评价的可持续功能方面，互联网发展一方面可以通过环境信息监管平台提升环境治理效率，另一方面也可能因为互联网经济所带来的一般均衡效果增加污染，故该渠道的影响机制并不确定。主观福祉方面，将其拆分为认知和情感两个维度，二者共同决定了农村居民的主观福祉状态。在作用机制方面，互联网可以通过其技术效应影响居民认知，进而影响其主观福祉。与技术效应不同，互联网提供的信息效应更多地通过情感维度来影响主观福祉。

第5章

农村居民客观福祉的
测度分析

从本章开始，是互联网技术应用对农村居民福祉影响的实证研究部分。按照客观福祉的定义，这是一个综合概念，包含基础功能、发展功能和可持续功能三个方面的内容。鉴于此，本章的主要工作是构建农村居民客观福祉指数，为进一步讨论互联网技术应用对其的影响奠定基础。具体地，本章测算了2007~2018年30个省（区、市）农村居民客观福祉水平。在此基础上，分析了农村居民客观福祉的时序变化特征，并利用达岗姆（Dagum）基尼系数法分析动态差异及其成因，以期从数据驱动的角度进一步加深对农村居民客观福祉的理解。

5.1 ▶ 农村居民客观福祉能力指标体系构建

5.1.1 构建原则及指标选取方法

(1) 构建原则

第一，科学性原则。农村居民客观福祉测评指标的选取应具有科学性，需紧密围绕可行能力理论，直观反映农村居民客观福祉的功能性特征，且最终的评价结果需要客观地反映评价指标的大小。

第二，代表性原则。不同国家、不同区域，同一国家在不同时期，农村居民客观福祉的内涵会有所不同。森指出，全面考察可行能力通常是过高的目标，应该将注意力聚焦在一些特定的、具有代表性的可行能力上，而具体能力指标的选取也需要实现能力最大化问题，从而力求能够反映当前农村发展的主要短板和农村居民最迫切的需求。

第三，相对性原则。本章主要选取 2007~2018 年的数据来探讨农村居民客观福祉的发展情况。按上述原则选取评价指标，同时确定指标权重，在此基础上所得出的评价结果所反映农村居民福祉水平的高低，仅具有相对意义而不具有绝对意义。

第四，可操作性原则。在充分考虑科学性和完备性的基础上，在农村居民客观福祉评价指标的选择上要保证基础数据可得、评价指标简约、评价方法适宜，且要遵循最终评价结果具有可比性的要求。

(2) 指标选取方法

本书在考虑新时代农村、农民发展实际的基础上，主要采取理论分析—频度分析—专家咨询相结合的方式选取评价指标。首先，采用理论分析法，在现有的学术成果的基础上，对客观福祉的概念和内涵进行进一步深化拓展，确定了农村居民福祉的三大功能维度，分别是基础功能、发展功能、可持续功能，对福祉功能维度的划分工作主要在本书的第 4 章体现。其次，依旧采用理论分析，进一步梳理国内外关于福祉测量的研究进展，确定农村居民客观福祉的每一功能维度所涉及的具体能力指标层次即二级指标，如基础功能维度包括收入水平、健康和教育三个层面的内容。最后，在本书的基础指标（三级指标）的选择中，一方面，采用频度分析，对现有研究中所涉及的有关农村居民客观福祉测度的指标进行频度统计，选取使用频率较高的指标；另一方面，考虑当前新时代背景下农村居民新的诉求和发展短板，对所选取的指标进行修正补充。依据上述步骤，初步完成客观福祉评价指标体系的构建后，通过征询相关专家的意见，对指标体系进行调整和完善。

5.1.2　基础指标初选

如前面所述，本书将农村居民客观福祉分为三个功能维度，但农村居民客观福祉涉及的内容非常广泛，想全面考察农村居民的可行能力通常是一个过高的目标，应选取能实现能力最大化且最具代表性的可行能力变量。因此，基于农村居民客观福祉的内涵及指标体系的构建原则与方法，参照农村地区易获取的数据从可量化的角度对指标进行选取。采取突出的可行能力进行比较，主要基于后小康时代背景下城乡之间发展不平衡、农村发展不充分的能力，构建包含收入水平、健康及教育、生活便利程度、生活水平、社会保障、生态环境六个方面的能力指标，每个能力指标又包含若干具体基础指标。

（1）基础功能维度

① 收入水平。从广义来看，收入水平可以反映个人分别享有的为了消

费、生产、交换目的而运用经济资源的能力。一般而言，个人可行能力的被剥夺通常与收入水平低下有关，当农村居民收入水平较低时，则意味着其掌控和利用社会资源的水平越低，从而降低其可以享受的实质自由。对福祉的基础功能而言，收入水平与健康和教育有密切的相关关系，收入较低时可以导致饥饿与营养不良，是文盲和健康不良的主要原因，反之将会促进教育水平和健康状况的提升。对其他功能维度而言，更高的收入水平会带来更多的机会和收益，如更大的权利、自由、财富等。收入水平指标的选择应该具有可比性，一方面在看到农村居民整体水平的同时，可以从不同层面了解不同地区、省份之间的差距，以便找出形成差距的原因。借鉴汪小勤等（2016），王圣云等（2018），杨爱婷等（2012）的研究，选取农村居民人均可支配收、农村人均收入增长率、农村人均消费支出等指标来衡量农村居民的收入水平。其中，农村居民人均可支配收入，能够较好地反映出一个地区农村居民生活实际水平，农民人均收入增长率表示与上年相比其收入的增减变化情况，更为强调其收入增长的可持续性和成长发展能力。农村人均消费支出可以很好地体现农村居民的消费水平，结合人均可支配收入，可以在一定程度上可以反映农村居民财产性支出和非经常性支出的比例，进而间接体现农村居民收入水平的差异（李银星，2006；陈建宝，2010；申云等，2020）。

②健康和教育。身体健康与否直接影响农村居民的生活质量，而教育与福祉的提升息息相关，其影响个人享受好的生活的实质自由。目前，囿于现存城乡二元体制，城市和乡村之间、不同区域之间存在公共产品不均衡、不充足的现象，这在教育、医疗方面表现尤为突出。1990年城乡居民人均卫生费之比为4.1，即使到2016年两者占比也仍保持在2.6的高位水平[①]。而农村教育方面，仍面临财政教育经费负担结构和教育经费分配不合理，农村公

---

① 根据相关年份的《中国卫生健康统计年鉴》整理计算所得。

共教育标准化进程缓慢等问题。农村基础教育生均预算内事业费支出增速虽高于同期全国水平，但投入总量与全国相比还存在差距。以小学生的生均预算内事业费支出为例，2007~2017 年其年均增长率为 16.7%，高出全国 0.1 个百分点，但生均预算内事业费支出均值却比全国少 208.3 元①。

一般而言，衡量健康能力的直接指标是健康状态，如国际上均参考使用的 EQ-5D 的做法进行行动能力、自理能力、日常活动、疼痛及负面情绪的自我评价，但其受制于信息及医学知识的不足，在使用时存在限制（吴国宝，2014；田建国，2019）。此外，人类发展指数（HDI）、OECD 的美好生活指数（BLI）中使用了人均预期寿命来衡量健康能力，但本章主要评价 30 个省份农村居民的健康能力，且时间跨度为 2007~2018 年，人均预期寿命数据不足。考虑到《乡村振兴战略规划（2018-2022 年）》提出的推进健康乡村建设、加强基层医疗服务体系建设方面的目标，参考清华大学"中国平衡发展指数"课题组（2019）、北京师范大学"中国民生发展报告"课题组（2011）、魏后凯（2016）等的研究，同时考虑到农村的特殊性和相关数据的可及性，主要从物力、人力、医疗服务角度选取代表性指标（刘玮琳，2019）。具体而言，选取农村每千人口配备卫生技术人员衡量农村医疗卫生从业人员的规模与数量，进而体现一个地区的农村医疗卫生的人力资源配置情况。选取农村每千人口医疗卫生机构床位数来反映农村医疗基础设施资源的配置情况。床位的多少决定了医疗卫生机构可以容纳的患者数量，可以体现提供医疗服务的保障能力。选取农村每千人口村卫生室诊疗人次衡量农村诊疗服务水平，反映基本医疗服务质量与效率。在没有足够信息或信息获取成本较高的情况下，选取这些指标一方面遵循了可操作性原则，此外，医疗卫生建设是反映国民健康状况的重要指标，医疗资源反映了一个国家或地区居民为公众提供医疗保障的程度，

---

① 根据相关年份的《中国财政年鉴》整理计算所得。

反映了人们切实享受到的效益，其与健康能力正相关。

关于教育能力指标的选取。人类发展指数（HDI）主要使用成人识字率、综合毛入学率衡量教育获得，2010 年作了进一步修改，利用平均受教育年限、预期受教育年限进行衡量。BLI 指数及国内一些学者的研究也选取了类似指标。根据《乡村振兴战略规划（2018 - 2022 年）》中指出，"重视发展农村义务教育，提高高中阶段教育普及水平，实现资源均衡配置"。2021 年中央一号文件《中共中央 国务院关于全面推进乡村振兴 加快农业农村现代化的意见》进一步指出，"改善农村办学条件，提高农村教育质量"。考虑农村数据的可获得性，同时参考 HDI、BLI 指数关于教育能力指标选取，及国内学者魏后凯（2016）、张军（2008），吴士炜等（2016）、钞小静等（2011）的研究，本章选取农村高中及以下阶段生师比，农村高中及以下阶段专任教师大专及以上学历比，农村初中、高中升学率及农村人均受教育年限作为代表性指标加以分析。具体地，人力资源是教育发展投入中的最重要的资源，其决定了教育发展能力。拥有大专学历以上专任教师比例可以体现专任教师的专业水平和师资条件。生师比指标属于教育的过程领域，可以反映受教育机会的提供程度和教育资源的均衡配置情况，一般而言生师比要控制在一个合理范围内，老师负担学生越多，相应的学生学习效果较差，反之则学习效果更好。升学率是某一个教育阶段毕业生质量符合更高一级学校入学标准的比例，可以体现一个阶段教育质量的客观结果和一个地区的教育发展水平，反映教育参与情况。人均受教育年限可以反映教育的直接产出结果，农村人均受教育年限反映了农户的综合素养和文化知识水平（申云等，2020）。

（2）发展功能维度

① 生活便利程度。生活便利程度涵盖交通、水利、电力、能源、传媒覆盖等方面。《乡村振兴战略规划（2018 - 2022 年）》提出，加快交通物

流、农村水利、农村电网、现代能源、农村信息化等农村基础设施的建设，2021 年中央一号文件《中共中央　国务院关于全面推进乡村振兴　加快农业农村现代化的意见》也指出要推进基础设施向村覆盖、向户延伸。参考上述政策文件提出的农村基础设施领域需要夯实的关键领域，结合国外《国际生活》的群体层面的福祉基础设施维度指标的选取及全国人大财经委课题组（2011）、魏后凯（2016）等的研究，选取交通、水利、电力、通信和能源等领域，对生活便利程度这一能力指标加以分析。农村道路交通的完善，一方面可以便于农村居民出行和生活，另一方面可以提升其获取资源的能力，同时可以赋能农业产业发展，从而促进农村居民收入的提高。结合周晓时等（2017）、任晓红（2018）的研究成果，选取乡镇有效路网面积和村庄新增道路长度反映农村道路建设项目的推进力度和道路的改善情况。水利设施对农村居民生活有重要作用，提高生活质量最关键的就是要改善基本生活条件，自然地农村用水情况将被纳入考量范围。基于对农村发展现状的研判，2021 年中央一号文件《中共中央　国务院关于全面推进乡村振兴　加快农业农村现代化的意见》要求实施供水保障工程。本章参考周长城（2009）的研究使用村庄供水普及率来表示农村居民的供水保障情况。电网建设方面，巩固提升农村电力保障能力是当下的主要任务。本章选取农村人均用电量来反映农村电网的负荷量和电能质量。农村信息化建设方面，考虑数据的可获得性，结合北京师范大学"中国民生发展报告"课题组（2011）的研究成果，选取农村广播节目综合人口覆盖率和农村电视节目综合人口覆盖率衡量传媒覆盖情况。广播、电视已融入农村，成为生产、生活信息获取的重要来源，能够反映农村信息化程度。能源方面，选取乡镇燃气普及率来进行衡量，其主要指乡镇用气人口与乡镇人口的比率（周江燕，2014；刘玮琳等，2019）。

②生活水平。总体来看，农村居民的生活水平有了很大的提高，但还存在发展的不充分不平衡。以城乡居民收入差距为例，党的十八大以

来，中国城乡居民的收入比虽呈下降态势，但从 2015 年开始稳定保持在 2.7 倍左右，从绝对量来看这种差距也仍在扩大。此外，城市群、都市圈对农民增收的带动作用较为突出，存在区域间差异（姜长云等，2021）。农民人均可支配收入较高的省份主要都集中在京津冀、长三角、珠三角等经济发展水平较高的地区。如 2018 年，位于京津冀地区的北京、天津，农民可支配收入分别排在全国第三、第四；位于长三角的上海、浙江、江苏则分别排在第一、第二、第五，远高于全国 11460.28 元的平均水平[①]。

关于农村居民生活水平的指标的选取，首先选择城乡居民收入比，以反映城乡居民收入差距及社会公平程度。从能力的角度来看，城乡居民能力的不充分、不均衡首先体现在经济水平上，其是生活水平的最直接决定因素，随着高风险社会的到来，社会公正问题必然会对中国社会的长远发展产生重大影响。故在能力指标的选取上，需要反映城乡发展能力差距的过大，拓展农村地区可行能力是当前较为重要的任务（田建国，2019）。为了更好地体现生活水平中处于弱势的农民群体的能力状态，本章借鉴魏后凯（2016）、刘璞（2017）的研究，以农村居民恩格尔系数、人均耕地面积、农村人均住房面积、农村居民人均文教娱乐消费支出比重等细分指标来衡量农村居民的生活水平。农村居民恩格尔系数反映了农民收入与其生活中食品支出之间存在的相关关系，可以在一定程度上判断人们的生活是否富裕。人均耕地面积主要反映资源占有情况。住房状况可以从一个侧面反映人们的生活质量，经济发展水平很低时，人们会将自己的收入多用于食物消费支出，相应的住房条件会相对较差，严重时甚至可能会导致住房的短缺。相反，当经济发展水平提高时，人们对收入的可支配空间增大，居民会开始关注住房的舒适度及其

---

① 根据相关年份的《中国统计年鉴》整理计算所得。

美学属性。因此，可以反映社会文明进步和生活水平的提高（周长城，2009）。此处，用人均住房面积的大小反映住房的适用性。休闲娱乐是人们日常生活的重要组成部分，是对人驾驭自己生命能力的检验（胡志坚等，2003）。闲暇很早成为社会学的研究范畴，近二三十年闲暇问题也明确被纳入福祉的研究当中，如 BLI 指数、美国卡尔弗特——亨德森生活质量指标体系及中国社会科学院个人福祉概念框架（吴国宝，2014）中均将其纳入考量范围。考虑到数据的可获得性和可比性，本章借鉴王圣云（2018）等的研究，采用农村居民人均文教娱乐消费支出以反映农村居民用于从事休闲娱乐活动的情况。

③ 社会保障。社会保障是农村居民客观福祉稳定提高的重要保证，其对调节收入分配、促进社会公平、拉动经济增长具有重要作用。在客观福祉部分具体指标的操作化过程中，不丹的国民幸福（CNH）测量的四大支柱、九大领域概念中，引入了"有效的政府管理"领域，该领域在当前的公共政策制定中正受到越来越多重视，而有效的政府管理中政府绩效又构成了该领域的衡量指标，涉及降低贫富差距、改善医疗服务等社会保障范畴的内容（吴国宝，2014）。周长城等（2001）认为客观福祉由经济、社会、环境三大系统构成，其中社会系统的构成之一是制度资源，而社会保障则是制度资源的重要组成部分，通过其有效地进行社会再分配，可以促进社会公平，进而有利于提升农村居民的发展能力。结合前人研究及中国农村实际，选取社会保险、社会救济、社会福利三个方面的指标考察农村社会保障水平。具体的指标选取，借鉴陈志钢（2018）、刘玮琳（2019）的研究成果，考虑数据的可得性，以医疗保险和养老保险来考察农村社会保险发展情况。2003 年新农合开始试点建立，农村居民医疗保障情况得到显著改善，2016 年国家开始推进整合城乡居民医保的工作。本章选取城乡居民基本医疗保险（新农合）参保率来评价农村医疗保险的保障程度。养老保障方面，1987～1999 年，农村养老保险制度实行"老农保"，2009～

2012 年，"新农保"实现了试点推广到农村全面覆盖的整个过程；2014 年城乡居民社会养老保险制度开始建立。因政策转变原因使得各年的统计口径发生变化，参照刘玮琳（2019）、蒋军成等（2017）选取参保率来反映养老保险制度的实际参保状况。农村社会救济方面，参考周长城等（2001）的研究，选取农村居民最低生活保障覆盖率、农村特困人员集中供养率作为衡量指标。农村社会福利方面，借鉴蒋云赟（2014），唐娟莉等（2016）的研究，选取农村少年儿童抚养比、老年人口抚养比反映农村社会福利水平状况。人口抚养比也称为人口负担系数，可以反映农村居民对社会保障的需求程度及农村社会保障能力和水平。

（3）可持续发展功能维度——生态环境

环境福祉是当代人福祉的重要组成部分，同时也体现了福祉的代际可持续性。从当前中国面临的挑战来看，改善农村人居环境、农业生产环境和大气环境，无疑是可以体现可持续发展功能的重要方面。目前污水、垃圾处理及户厕改造是农村人居环境改善中面临的主要掣肘。在农业生产方面，农业面源污染占总污染的比例接近一半，以 2015 年为例，据全国环境统计公报数据，农业源氨氮及 COD 排放量依次占总排放量的 31.6% 和 48.1%（胡钰等，2019）。而相较于城市，农村应对气候变化的能力也相对较差。2021 年中央一号文件《中共中央 国务院关于全面推进乡村振兴加快农业农村现代化的意见》明确提出，"2021 年要实现农村人居环境整治提升，2025 年农村生产生活方式绿色转型要取得积极进展，化肥农药使用量持续减少，农村生态环境得到明显改善"。考虑目前中国农村发展实际，参照国务院发展研究中心"中国民生指数研究"课题组（2015）、刘玮琳（2019）等的选取标准，从垃圾治理、厕所治理、污水治理、村庄整治等方面选取人居环境指标。具体地，选取对生活垃圾进行处理的行政村比例、对生活污水进行处理的行政村比例、无害化卫生厕所普及率、绿化覆盖率、人均公园绿地面积、已开展村庄整治的行政村比例等指标代表农村人居环境。其中，对生活垃圾进行处理的行政村比例可以体现农村卫生状况，对生活污水进行处理的行政村比例可以很好地体现农村污水处理情况，无公害卫生厕所普及率体现农村厕所卫生治理情况。绿化覆盖率反映农村园林绿化情况，是衡量生态保护状况的重要指标。人均公园绿地面积可以展示整体环境水平，其兼具游憩、景观美化等功能。已开展村庄整治的行政村比例能反映农村基本生产生活条件及人居环境改善状况。参考魏后凯（2016）、许宪春等（2020）、王圣云等（2018）的研究，选取单位耕地面积化肥施用量、单位耕地面积农药使用量来衡量土壤环境，以大气中 CO_2 排放量代表大气环境污染情况。

5.1.3 评价指标体系

基于前面分析，本章将客观福祉分为基础功能、发展功能、可持续功能三个维度，下设收入水平、健康及教育、生活便利程度、生活水平、社会保障以及生态环境 6 个能力指标层次测度农村居民客观福祉水平。经冗余度相关性分析，对相关性较大的指标选择剔除[1]，至此构建了一套完整的农村居民客观福祉测度的指标体系，其中包含正向、逆向两种指标属性，如表 5 – 1 所示。

---

[1] 当评价指标扩大时，每一决策的有效系数也会增大，这不利于我们判断决策单元的差异信息。因此在进行客观福祉评价之前，要对指标间的相关性进行检验。本章采用 Pearson 相关系数对指标进行相关性分析。运用 SPSS 软件对我国 2007～2018 年 30 个省份收入水平、教育与健康、生活便利、生活水平、社会保障、生态环境 6 个能力层面的初选指标进行 Pearson 相关性分析，给定临界值 M = 0.8，一般认为相关系数 0.8 ≤ R ≤ 1 时，指标间高度相关。根据结果，生活便利层面中农村广播节目综合人口覆盖率指标和农村电视节目综合人口覆盖率指标高度相关，考虑到农村生产生活方式的改变及乡镇改革，农村广播使用率逐步降低，我们删除农村广播节目综合人口覆盖率指标。生态环境层面中对生活污水进行处理的行政村比例指标与无害化卫生厕所普及率指标高度相关，我们删除无害化卫生厕所普及率指标。此外，收入水平维度中农村居民人均可支配收入指标与农村人均消费支出指标高度相关，但考虑到指标的重要性，本章未作剔除。

表 5 - 1 农村居民客观福祉评价指标体系

目标层次	方面指数	分项指标		基础指标	指标属性	单位
农村居民客观福祉	基础功能	收入水平	收入	农村居民人均可支配收入	+	元
				农村人均收入增长率	+	%
			消费	农村人均消费支出	+	元
		教育及健康	教育	农村高中及以下阶段生师比	−	—
				农村高中及以下阶段专任教师大专及以上学历比	+	%
				农村小升初升学率	+	%
				农村初升高升学率	+	%
				农村人均受教育年限	+	年
			健康	农村每千人口配备卫生技术人员	+	个
				农村每千人口医疗卫生机构床位数	+	张
				农村每千人口村卫生室诊疗人次	+	人次
	发展功能	生活便利	交通	乡镇有效路网密度	+	千米/平方千米
				村庄新增道路长度	+	千米
			水利	村庄供水普及率	+	%
			电力	人均农村用电量	+	千瓦
			能源	乡镇燃气普及率	+	%
			传媒覆盖	农村电视节目综合人口覆盖率	+	%
		生活水平	物质条件	农村居民恩格尔系数	−	—
				人均耕地面积	+	公顷/人
				农村居民人均住房面积	+	平方米/人
			社会公平	城乡居民收入水平比	−	—
			休闲娱乐	农村居民人均文教娱乐消费支出比重	+	%
		社会保障	社会保险	城乡居民医疗保险（新农合）参保率	+	%
				城乡居民养老保险（农保）参保率	+	%
			社会救济	农村居民最低生活保障覆盖率	+	%
				农村特困人员集中供养率	+	%
			社会福利	农村老年抚养比	−	%
				农村儿童抚养比	−	%

续表

目标层次	方面指数	分项指标	基础指标		指标属性	单位
农村居民客观福祉	可持续功能	生态环境	人居环境	对生活垃圾进行处理的行政村比例	+	%
				对生活污水进行处理的行政村比例	+	%
				绿化覆盖率	+	%
				人均公园绿地面积	+	平方米
				已开展村庄整治的行政村比例	+	%
			土壤环境	单位耕地面积化肥施用量	−	吨/公顷
				单位耕地面积农药使用量	−	吨/公顷
			大气环境	人均 CO_2 排放量	−	吨/人

注：本章构建的评价指标体系共涉及 36 个基础指标，指标体系中的部分基础指标的数值直接从统计年鉴中获得，其他指标均通过计算获得。

5.2 ▶ 测度方法选择及权重的确定

5.2.1　测度方法的选择

（1）测度方法

本章采用多指标综合评价法对农村居民多维客观福祉进行评估，在选用多指标综合评价法时需要确定指标权重。现有的对居民福祉评价主要采用层次分析法（王圣云，2018）、因子分析法、熵值法（汪小勤，2016）及主成分分析法（陈建宝，2010）等，总的来说，确定指标权重采用的方法可以分为主观构权、客观构权或两者相结合的构权法，使用全局主成分分析法（GPCA）的研究目前还较为少见。

其中，层次分析是基于人的主观认识对各维度赋予权重，在一定程度上会受到主观认知的影响。而熵值法、主成分分析和因子分析均可以避免主观赋权的缺陷，可以将存在内在相关性的多个变量运用降维思想转换成几个内在关联较小的主成分或因子。但熵值法不能全面反映指标间的关系，而因子分析法主要侧重于成因分析。相对地，主成分分析确定的权重可以反映在总指数中客观福祉分维度及具体基础指标的贡献程度。但考虑到经典主成分分析不能对时间序列数据进行综合考虑，只针对平面数据表，不能满足本章对农村居民客观福祉时序变化及区域差异动态变化的分析。因此，基于对相关领域现有的研究梳理，本章借鉴杨永恒等（2005）对人类发展指数替代技术的研究，同时参考钱小静等（2011）、周江燕等（2014）、刘玮琳（2019）等在测算经济增长质量指数与城乡一体化水平、城市化水平、农村公共服务水平中运用的全局主成分分析法（GPCA）。其主要以时间顺序将分年数据依次展开，然后在此基础上进行主成分分析。具体分为两步：第一步，以农村居民客观福祉三级基础指标经过处理后的数据进行主成分计算，来确定基础指标在维度指标中的权重，以合成各个功能维度的农村居民客观福祉指数；第二步，以各个功能维度的农村居客观福祉水平作为主成分分析的输入，进而得到维度指数在目标层即客观福祉指数中的权重，最终合成农村居民客观福祉总指数。

（2）基于全局主成分分析方法（GPCA）的农村居民客观福祉的评价模型及步骤

① 建立农村居民客观福祉的立体时序数据表，即 $T_{n \times p}$ 的矩阵。包含 T 个年度、n 个地区和 p 个指标，记为：

$$X = (X^1, X^2, \cdots, X^t)'_{Tn \times p} = (X_{ij})_{Tn \times p} \qquad (5-1)$$

其中，矩阵的每行即代表一个样本，共 $T \times n$ 个，下一步可对全局数据表进行传统主成分分析。

② 对样本数据进行标准化：

对原始数据进行无量纲化处理，公式为：

$$X'_{ij} = \frac{X_{ij} - \bar{X}_j}{\sigma_j} \tag{5-2}$$

其中，$T_{n \times p}$ 为经过标准化以后的指标值；X_{ij} 表示指标值；$\bar{X}_j$ 代表该指标的平均值；σ_j 为相应的标准差。

③ 计算全局协方差矩阵：

$$V = (S_{jk})_{p \times p} = \sum_{t=1}^{T} \sum_{i=1}^{n} q_i^t (e_i^t - g)(e_i^t - g)' \tag{5-3}$$

其中，协方差矩阵 V 在 X 经标准化处理后，成为其的相关系数矩阵。进一步地，求得 V 的前 m 个特征值 λ_1 及相应的特征向量。

④ 算出主成分和对应的方差贡献率：

$$a_k = \frac{\lambda_i}{\sum_{i=1}^{p} \lambda_i} ; a_1 + a_2 + \cdots a_n = \frac{\sum_{i=1}^{m} \lambda_i}{\sum_{i=1}^{p} \lambda_i} \tag{5-4}$$

⑤ 按累计方差贡献率 ≥85% 的准则确定主成分个数，求出因子载荷矩阵，求得指标的主成分系数，最后算出指标权重，记为：

$$W = \sum_{i=1}^{p} \frac{a_{mi} \times \alpha_i}{p} \tag{5-5}$$

其中，指标权重以 W 表示，第 i 个主成分中的第 m 个基础指标系数由 a_{mi} 表示，α_i 代表的是方差贡献率。

⑥ 计算农民福祉综合评价函数：

$$F = \sum_{i=1}^{m} \frac{\lambda_i}{q} \times f_i \tag{5-6}$$

其中，F 是综合评价函数，λ_i 是第 i 个主成分的特征根；q 是各主成分的特征根的和；f_i 指未标准化过的第 i 个主成分的得分。

5.2.2　数据来源与指标处理方法

（1）数据来源

考虑到 2007 年进行预算收支科目分类改革，本章选取 2007～2018 年 30 个省（区、市）（不含西藏及港澳台地区）的数据。基础数据主要来源于 2007～2019 年出版的《中国统计年鉴》《中国农村统计年鉴》《中国人口和就业统计年鉴》《中国教育经费统计年鉴》《中国卫生健康统计年鉴》《中国城乡建设统计年鉴》《中国交通年鉴》《中国劳动统计年鉴》《中国民政统计年鉴》《中国环境统计年鉴》以及各省（区、市）统计年鉴与统计公报。二氧化碳数据来源于中国碳排放核算和数据集（CEADs）。此外，依据经济发展状况和地理区位，将 30 个省（区、市）划分为东部、中部和西部、和东北四个区域①。

（2）指标处理方法

由于农村居民客观福祉指数构成中涉及较多基础指标，而各指标之间具有不可通度性，无法直接进行合并计算，因此需进行一定的变换和处理。

第一，缺失数据的处理。对于有线性趋势的数据，通过建立回归推算方程，用已有数据的估测对缺失数据进行填补；对于无线性趋势的个别缺失数据，采用插值法处理。

第二，正向化处理。农村居民客观福祉水平指数中基础指标的指标属

---

① 东部地区包含北京、天津、河北、上海、江苏、浙江、福建、山东、广东、海南 10 个省份，中部地区包含山西、安徽、江西、河南、湖北、湖南 6 个省份，西部地区包含内蒙古、广西、重庆、四川、贵州、云南、陕西、甘肃、青海、宁夏、新疆 11 个省份，东北地区包含辽宁、吉林、黑龙江 3 个省份。

性存在差异，指标性质不同，直接加总难以反映不同作用力的综合结果。因此，为使指标的作用力趋同，本章采用取倒数法做逆向指标的正向处理。

第三，价值指标的平减处理。为消除物价等因素的影响，涉及的货币数值指标如农村居民人均收入、人均消费支出等均以 2007 年为基期，以相应价格指数做平减处理。

第四，无量纲化处理。农村居民客观福祉的各基础评价指标量纲并不相同，为防止主成分偏重具有较大方差或数量级的指标，此处采用标准化方法进行无量纲化处理。

5.2.3　基础指标与维度指标的权重

在将 2007～2018 年中国 30 个省（区、市）农村居民客观福祉基础数据进行预处理，将所得数据采用协方差矩阵作为全局主成分分析的输入，按照累计方差贡献率接近 85% 或大于 85% 的前几个主成分确定权重的原则（钞小静，2010；周江燕，2014；刘玮琳，2019），运用全局主成分分析法与权重计算方法，得到农村居民客观福祉评价指标各个维度指标的统计特征、基础指标的权重以及各个维度在农村居民客观福祉指标体系中的权重。

（1）KMO 和 Bartlett 球形检验

在做 GPCA 前需要分别对指标体系三个功能维度的数据进行 KMO 检验和 Bartlett 球形检验，KMO 统计值的取值范围为 [-1, 1]，只有当其取值大于等于 0.5 时，才表明指标数据适合进行主成分分析。而一般 Bartlett 球形检验的近似卡方值越大，且结果显著性概率值 P < 0.05，则认为指标数据适合做主成分分析。运用 SPSS25.0 软件进行检验，如表 5-2 所示，结

果表明 KMO 值和 Bartlett 球形检验值均通过检验，故适宜做 GPCA。

表 5 - 2   相关检验结果

功能维度	KMO 值	Bartlet's 球形检验		
		Approx Chi-Square	df（自由度）	Sig（P 值）
基础功能	0.7918	3189.125	55	0.000
发展功能	0.7388	3232.366	136	0.000
可持续功能	0.7569	1354.475	28	0.000

（2）基础指标与维度指标的权重

表 5-3、表 5-4、表 5-5 是经计算得到的农村居民客观福祉评价指标各维度指标的统计特征与基础指标的权重以及各个维度在农村居民客观福祉指标体系中的权重。

表 5 - 3   各功能维度指标的统计特征

目标	方面指数	基础指标	成分	特征根	方差贡献率（%）	累积方差贡献率（%）
农村居民客观福祉指数	基础功能	农村人均消费支出	1	0.205	51.169	51.169
		农村高中及以下阶段专任教师拥有大专及以上学历比例	2	0.047	11.845	63.014
		农村居民人均可支配收入	3	0.035	8.840	71.854
		农村每千人口配备卫生技术人员	4	0.030	7.414	79.269
		农村每千人口村卫生室诊疗人次	5	0.027	6.775	86.044
	发展功能	农村电视节目综合人口覆盖率	1	0.201	29.509	29.509
		城乡居民收入水平比	2	0.125	18.369	47.877
		农民人均住房面积	3	0.076	11.206	59.084
		村庄供水普及率	4	0.068	10.032	69.115
		乡镇燃气普及率	5	0.041	6.057	75.172
		农村居民最低生活保障覆盖率	6	0.033	4.895	80.067
		乡镇有效路网密度	7	0.024	3.587	83.655
		农村老年抚养比	8	0.022	3.189	86.844

续表

目标	方面指数	基础指标	成分	特征根	方差贡献率（%）	累积方差贡献率（%）
农村居民客观福祉指数	可持续功能	对生活垃圾进行处理的行政村比例	1	0.191	51.673	51.673
		绿化覆盖率	2	0.067	18.116	69.789
		单位耕地面积化肥施用量	3	0.036	9.660	79.449
		对生活污水进行处理的行政村比例	4	0.026	7.155	86.604

表 5 - 4　　　　　　　　各基础指标在方面指数中的权重

目标	方面指数	基础指标	基础指标权重
农村居民客观福祉指数	基础功能	农村居民人均可支配收入	0.119
		农村人均收入增长率	0.042
		农村人均消费支出	0.127
		农村高中及以下阶段生师比	0.142
		农村高中及以下阶段专任教师拥有大专及以上学历比例	0.134
		农村小升初升学率	0.002
		农村初升高升学率	0.095
		农村人均受教育年限	0.113
		农村每千人口配备卫生技术人员	0.126
		农村每千人口医疗卫生机构床位数	0.089
		农村每千人口村卫生室诊疗人次	0.011
		农村居民人均可支配收入	0.119
	发展功能	乡镇有效路网密度	0.051
		村庄新增道路长度	0.011
		村庄供水普及率	0.074
		人均农村用电量	0.035
		乡镇燃气普及率	0.013
		农村电视节目综合人口覆盖率	0.085
		农村居民恩格尔系数	0.131
		人均耕地面积	0.036
		农民人均住房面积	0.059
		城乡居民收入水平比	0.075

目标	方面指数	基础指标	基础指标权重
农村居民客观福祉指数	发展功能	农村居民人均文教娱乐消费支出比重	0.101
		城乡居民医疗保险（新农合）参保率	0.002
		城乡居民养老保险（农保）参保率	0.061
		农村居民最低生活保障覆盖率	0.017
		农村特困人员集中供养率	0.104
		农村老年抚养比	0.045
		农村儿童抚养比	0.100
	可持续功能	对生活垃圾进行处理的行政村比例	0.323
		对生活污水进行处理的行政村比例	0.144
		绿化覆盖率	0.101
		人均公园绿地面积	0.074
		已开展村庄整治的行政村比例	0.159
		单位耕地面积化肥施用量	0.075
		单位耕地面积农药使用量	0.062
		人均 CO_2 排放量	0.061

表 5-5　　各方面指数在农村居民客观福祉指数中的权重

方面指数	方面指标权重
基础功能指数	0.414
发展功能指数	0.306
可持续功能指数	0.340

5.3 ▶ 农村居民客观福祉水平的测度结果分析

根据上述指标处理与权重确定后，我们计算出 2007~2018 年 30 个省（区、市）的农村居民客观福祉指数，并根据各省份农村居民客观福祉指数计算出全国及三大地区农村居民客观福祉指数（见表 5-6）。受篇幅限制，各维度福祉指数的测度结果此处不再呈现。

表 5 - 6　　　　　　　　　　2007~2018 年农村居民客观福祉指数

省份和区域	2007年	2008年	2009年	2010年	2011年	2012年	2013年	2014年	2015年	2016年	2017年	2018年	平均
北京	0.591	0.615	0.633	0.659	0.671	0.673	0.665	0.678	0.724	0.743	0.767	0.789	0.684
天津	0.436	0.448	0.477	0.524	0.522	0.530	0.563	0.578	0.613	0.654	0.658	0.679	0.557
河北	0.323	0.331	0.346	0.380	0.389	0.399	0.423	0.450	0.477	0.491	0.514	0.526	0.421
山西	0.330	0.335	0.363	0.390	0.410	0.433	0.464	0.488	0.515	0.527	0.543	0.554	0.446
内蒙古	0.313	0.312	0.330	0.357	0.394	0.398	0.424	0.464	0.504	0.524	0.539	0.565	0.427
辽宁	0.326	0.341	0.363	0.397	0.403	0.416	0.461	0.490	0.520	0.534	0.553	0.571	0.448
吉林	0.347	0.356	0.371	0.405	0.416	0.429	0.444	0.470	0.472	0.486	0.500	0.517	0.434
黑龙江	0.346	0.368	0.382	0.415	0.412	0.415	0.441	0.473	0.498	0.504	0.521	0.534	0.442
上海	0.542	0.521	0.586	0.623	0.650	0.680	0.676	0.702	0.745	0.756	0.741	0.761	0.665
江苏	0.431	0.458	0.501	0.543	0.556	0.577	0.589	0.614	0.632	0.650	0.669	0.685	0.576
浙江	0.434	0.459	0.494	0.532	0.556	0.587	0.635	0.650	0.681	0.707	0.732	0.753	0.602
安徽	0.249	0.261	0.289	0.345	0.364	0.400	0.442	0.469	0.497	0.521	0.543	0.570	0.413
福建	0.317	0.342	0.375	0.427	0.453	0.495	0.529	0.555	0.561	0.577	0.593	0.611	0.486
江西	0.286	0.297	0.326	0.359	0.376	0.395	0.430	0.461	0.481	0.503	0.532	0.564	0.417
山东	0.372	0.384	0.403	0.443	0.479	0.497	0.525	0.576	0.586	0.591	0.599	0.613	0.506
河南	0.270	0.292	0.312	0.340	0.346	0.366	0.398	0.424	0.450	0.471	0.497	0.533	0.392
湖北	0.289	0.293	0.327	0.373	0.387	0.414	0.447	0.487	0.526	0.544	0.572	0.596	0.438
湖南	0.254	0.259	0.273	0.310	0.323	0.338	0.391	0.437	0.473	0.495	0.514	0.526	0.383
广东	0.251	0.275	0.298	0.345	0.379	0.409	0.445	0.483	0.506	0.527	0.545	0.577	0.420
广西	0.202	0.204	0.226	0.254	0.290	0.322	0.397	0.476	0.470	0.494	0.529	0.561	0.369
海南	0.232	0.253	0.268	0.302	0.331	0.372	0.418	0.459	0.511	0.541	0.583	0.593	0.405
重庆	0.239	0.258	0.288	0.349	0.370	0.390	0.406	0.432	0.464	0.502	0.521	0.555	0.398
四川	0.207	0.227	0.262	0.309	0.340	0.361	0.398	0.477	0.498	0.503	0.533	0.552	0.389
贵州	0.154	0.168	0.200	0.230	0.262	0.296	0.343	0.376	0.409	0.439	0.477	0.504	0.321
云南	0.213	0.218	0.237	0.284	0.313	0.349	0.384	0.414	0.443	0.468	0.506	0.536	0.364
陕西	0.317	0.339	0.376	0.406	0.408	0.421	0.450	0.477	0.521	0.535	0.537	0.569	0.446
甘肃	0.203	0.229	0.249	0.285	0.313	0.360	0.393	0.417	0.446	0.467	0.487	0.508	0.363
青海	0.239	0.265	0.284	0.313	0.330	0.351	0.382	0.412	0.452	0.472	0.489	0.506	0.374
宁夏	0.250	0.261	0.286	0.322	0.354	0.378	0.419	0.450	0.476	0.498	0.520	0.530	0.395
新疆	0.307	0.306	0.335	0.378	0.394	0.405	0.452	0.477	0.500	0.516	0.541	0.566	0.432
全国	0.309	0.322	0.349	0.387	0.406	0.429	0.461	0.494	0.522	0.541	0.562	0.584	—
东部	0.393	0.409	0.438	0.478	0.499	0.522	0.547	0.574	0.604	0.624	0.640	0.659	0.532
中部	0.280	0.289	0.315	0.353	0.368	0.391	0.429	0.461	0.490	0.510	0.534	0.557	0.415
西部	0.240	0.253	0.279	0.317	0.342	0.366	0.404	0.443	0.471	0.492	0.516	0.541	0.389
东北	0.340	0.355	0.372	0.406	0.410	0.420	0.449	0.478	0.496	0.508	0.525	0.541	0.442

资料来源：中国农村居民福祉指数的计算方法为各个基础指标的全国平均水平值代入主成分分析计算而得，代表着农村居民福祉的全国平均水平；四大区域的农村居民福祉指数是根据所辖省份农村居民福祉指数计算平均值而得。

5.3.1　农村居民客观福祉水平时序变化特征

（1）总体及分维度时序变化特征

首先对中国 30 个省（区、市）农村居民客观福祉水平进行时序变化分析，其可以反映各省份 2007～2018 年农村居民客观福祉水平的增长趋势与变化情况，通过分析可以从中总结出农村居民客观福祉水平的水平动态演进规律。整体看，农村居民客观福祉指数呈现平稳上升的态势（见图 5－1）。2007～2018 年，农村居民客观福祉指数由 2007 年的 0.309 上升到 2018 年的 0.584，整体增幅较大，年均增长率为 5.95%，农村居民客观福祉水平稳步提高。从新农村建设启动到提出实施乡村振兴战略，同时伴随着力度空前的脱贫攻坚工作，我国农业支持政策持续发力，使农村经济发展、农村社会民生事业、生态环境整治及政治民主等方面成效卓著，促进了农民福祉的提升。此外，2021 年随着《中华人民共和国乡村振兴促进法》的落地实施，我国"三农"工作重心发生历史性转向，标志着乡村振兴战略部署开始转向依法保障的落地实施，可以预见未来农村居民客观福祉水平还

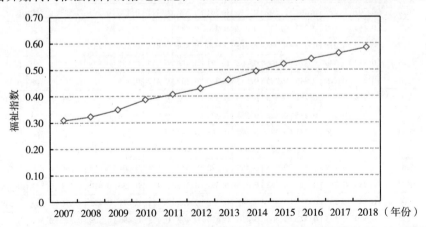

图 5－1　2007～2018 年农村居民客观福祉水平的变化

资料来源：笔者计算所得。

将进一步提高。分析促进农村居民客观福祉指数增长的各维度，从时序变化上可以看出三个维度指数均呈现上升趋势，对农村居民客观福祉的提升起到促进作用。

一是农村居民客观福祉的基础功能维度呈现快速增长趋势。2007 ~ 2018 年，基础功能维度指数由 0.241 上升到 0.547，年均增长 7.72%（见图 5 - 2）。其主要由收入、教育及健康等指标构成，考察期内农村居民收入水平呈波动性增长，在 2009 年有所停滞，但在 2009 年之后呈现稳步增长趋势，在历经 1997 ~ 2000 年中国经济增长放缓，乡镇企业吸纳就业能力不足，农村就业政策收紧所致的农村居民收入连续下降，2001 年之后的"十五"和"十一五"时期，城乡统筹协调发展，农民收入逐渐又开始恢复增长。党的十八大以来，惠农富农政策力度持续加强，农民收入连创新高。但同时这一阶段农村居民收入水平出现波动性增长，这在客观上反映出受我国经济增速放缓、农村居民收入增长长效机制还未形成，当前农村居民增收基础仍然不稳固，农村居民收入增速可能会继续出现明显波动的现实。相应地，12 年间，农村居民消费也发生了变化，人均消费支出从 3535.5 元增加到 12124.3 元，如前面的分析，农村居民更加注重生活质量的提高，实现了"消费压抑"到"消费释放"的转型升级。教育方面，国家不断加大教育投入，农村生均公共财政预算教育经费支出稳步增长，2007 ~ 2018 年，中国农村人口平均受教育年限由 7.2 年提高至 7.8 年[①]。在健康方面，近十多年来农村卫生人员、卫生设施的数量总体呈增长趋势，村卫生室的诊疗人数增加明显，这与农村医疗卫生财政投入加大，其支出比例和资金用途趋于均衡促进医疗卫生水平的提升有关。具体来看，各地区农村居民客观福祉的基础功能维度虽呈逐年增长趋势，但增长存在差异。北京、天津、上海、浙江等位于东部地区的省份每年的得分水平显

---

① 根据 2008 ~ 2019 年《中国人口和就业统计年鉴》整理计算所得。

著高于全国平均水平，而西部地区的省份如广西、贵州、云南等，虽然也有这样的趋势，但增长趋势仍低于全国平均水平。

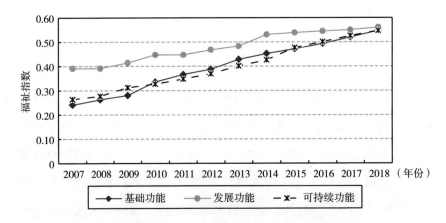

图 5 - 2　2007～2018 年农村居民客观福祉各维度水平的变化
资料来源：笔者计算所得。

二是客观福祉的发展功能维度增长趋势较为平稳，但增速慢于其他两个功能维度。2007～2018 年，发展功能维度指数由 0.391 上升到 0.560，年均增长 3.33%（见图 5 - 2）。根据前面的理论分析，其具体分为生活便利程度、生活水平及社会保障三个层面。生活便利维度包含农村交通、水利、电力、能源、传媒覆盖等生活的各个方面。在过去的十多年间中国的基础设施建设取得跨越式发展，农村基础设施已被国家列入重点建设领域，这使客观福祉的生活便利维度在考察期内呈稳步增长态势。在生活水平方面，农村居民在医疗保健、教育文化及服务消费等方面的支出出现不同程度的大幅提升，恩格尔系数逐年降低；党的十八大以来，城乡居民的收入之比呈下降态势，并从 2015 年开始稳定保持在 2.7 倍左右，全国农村住房短缺及住房不安全问题也得到有效缓解，农村居民生活水平得到提升，成为客观福祉的发展功能维度增长的主要贡献因子。在社会保障方面，2009 年新型农村社会养老保险开始在我国试点，2012 年基本实现全覆盖，2014 年进行养老保险体制改革，开始建立全国统一的城乡居民基本养老保险制度,统计口径发生略微变化,使发展功能维度的发生一定程度的波动变化。从全国各个省份得分情况来看,北京、上海、江苏、浙江等的得分水平显著高于全国平均水平,受基础设施(交通、电力、水利等)、生活水平、社会保障等因子的影响,一部分地区农村居民客观福祉的发展功能维度呈现逐年增长的趋势,但从大部分省(区、市)来看,增长趋势逐渐放缓,并呈现稳定于某一水平上下波动的特征,如西部地区的贵州、广西等。

三是可持续功能维度呈持续增长态势。2007~2018 年可持续功能维度指数首先由 2007 年的 0.264 增长到 2018 年的 0.547,年均增长 6.84%(见图 5-2)。这主要得益于国家对生态环境的重视程度提升。人居环境方面,从 2005 年新农村建设启动到实施乡村振兴战略,系列举措推动农村人居环境目标由"村容整洁"向"生态宜居"过渡。土壤环境方面,农业农村部相继出台到 2020 年化肥、农药使用量零增长行动方案,加强面源污染防治。大气污染方面,2018 年的政府工作报告指出,要着力对大气污染进行整治,并提出在主要地区 PM2.5 的平均浓度要降低 30% 的目标任务。随着时间的推移,各个省份得分水平呈逐年增长趋势,北京市、江苏省、上海市、浙江省、天津市、福建省等每年的得分显著高于全国平均水平,分地区来看东部地区生态环境水平显著高于全国平均水平。

(2)分区域时序变化特征

就区域层面而言,从总体变化趋势来看,全国四大区域农村居民客观福祉指数均保持平稳上升趋势(见图 5-3)。从绝对差异来看,考察期内,东部、东北部、中部及西部地区农民客观福祉水平的均值依次为 0.532、0.442、0.415、0.389,呈现"东部>东北>中部>西部"的分梯度规律,区域非均衡特征显著。这与我国四大区域的经济发展水平、区位禀赋、政府财政能力、农村产业政策、农村公共服务投入等紧密相关。从具体变化过程来看，四三大区域农村居民客观福祉水平存在增速差异，农民福祉水平较低的中部、西部地区年均增长率较高，分别为 6.47% 和 7.66%；而客观福祉水平较高的东部及东北地区其年均增长率则较低，依次为 4.81%、4.31%。可以看到，中西部地区农民福祉水平的增长"赶超趋势"明显。可能原因在于中部、西部地区虽然经济基础相对薄弱，农村基础设施、公共服务等有待完善，但随着经济增长、城镇化进程的推进及财政对中部、西部地区支农投入的加大，后发优势明显，使中部、西部地区农民福祉水平与东部及东北地区的差距在不断缩小。而东北地区虽然受益于"东北振兴战略"经济得到增长，但其的区位及资源优势随着外向型经济时代的到来，并未足够带来外部性要素进入的刺激，重型化、投资驱动双重路径依赖，加之人口外流，经济发展缺乏动能，这影响了民生建设和基础设施投资，进而对人们的生活质量带来影响，导致其农民福祉增长在四大区中最为缓慢。东部地区，农村生产、生活性基础设施相对完善成熟，虽然技术、资本等生产要素多向东部流动，但要素投入改善农民福祉的边际效应在递减，使得农民福祉增速较小。

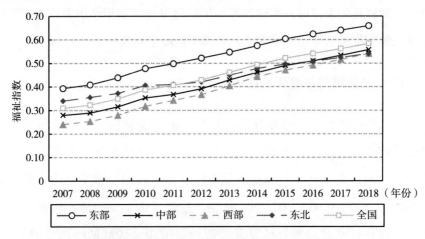

图 5-3　2007~2018 年中国及四大区域农村居民客观福祉总水平变化

资料来源：笔者计算所得。

(3) 动态变化分析

为进一步探究中国省际农村居民客观福祉水平的动态变化趋势,本章引入最大序差法进行分析。最大序差法其核心思想在于,根据同一年份各地区综合评价函数 y_{ik} 值的大小进行排序,记 r_{ik} 为第 K 年时 i 地区在所有地区中的序号:

$$r_{\mathrm{max}i} = \max_{k}\{r_{ik}\} - \min_{k}\{r_{ik}\} \tag{5-7}$$

定义为 i 地区在样本期内的最大序差。若在考察期内某地区的最大序差偏大,则表明该地区农村居民客观福祉水平波动越大;若某地区的最大序差偏小,则反映出该地区农村居民客观福祉水平变动趋于稳定。

中国省际农村居民客观福祉水平的最大序差,如表 5-7 所示。综合来看,2007~2018 年最大序差≤5 的省份多集中在东部地区,位于中部地区的省份最大序差多集中于 5~10 层级,西部地区的省份多集中在≤5 及 5~10 层级,而东北地区省份最大序差多处于 10~15 层级。具体地,东部地区除福建、广东、河北、海南 4 省份考察期内农村居民客观福祉水平的波动较大外,其余 6 省(区、市)最大序差均≤5,变动较为稳定。中部地区河南、湖北、湖南、安徽 4 省农村居民客观福祉水平变化属于波动型,山西属于跳跃型,江西变化态势较为稳定。西部 11 省份,贵州、甘肃、宁夏、内蒙古 4 省份属于稳定型,四川、广西 2 省份属于跳跃性,其余省份农村居民客观福祉水平波动相对较大。东北地区,黑龙江与吉林农村居民客观福祉在考察期内变化较大,而辽宁的变动则较为稳定。总体来看,考察期内东部地区内部各省份农村居民客观福祉水平变化态势相对稳定,中部、西部地区各省份的农村居民客观福祉水平整体呈波动变化趋势,但西部地区波动幅度小于中部,而东北地区农村居民客观福祉水平跳跃性较大。

表 5 – 7 农村居民客观福祉水平四大地区按最大序差划分

最大序差范围	东部地区	中部地区	西部地区	东北地区
$r_{max} \leq 5$	北京、上海、浙江、山东、天津、江苏	江西	贵州、甘肃、宁夏、内蒙古	辽宁
$5 < r_{max} \leq 10$	福建、广东	河南、湖北、湖南、安徽	新疆、重庆、云南、陕西、青海	
$10 < r_{max} \leq 15$	河北、海南	山西	四川、广西	黑龙江、吉林

资料来源：笔者整理所得。

5.3.2 农村居民客观福祉水平区域差异动态分布

上一部分内容直观反映了全国及三大区域农村居民客观福祉水平的动态演变过程，为了进一步探究农村居民客观福祉的地区差异大小及成因，本章采用达岗姆（Dagum）基尼系数法进行测算。

（1）方法介绍与数据来源

达岗姆（Dagum）基尼系数主要是将基尼系数以子群形式进行分解，其相较于传统的区域差异问题分析方法如基尼系数、泰尔指数、变异系数等优势显著，传统方法仅能对福祉水平的地区相对差异进行衡量，无法对其绝对差异演变规律进行精细化考察，而达岗姆（Dagum）基尼系数可以探究区域差异的具体来源，同时可以有效避免样本之间的交叉重叠（杨晓军等，2020）。故本章采用达岗姆（Dagum）基尼系数对中国农民福祉水平的地区差异进行分解，计算公式如下（Dagum，1997）：

$$G = \sum_{j=1}^{k} \sum_{h=1}^{k} \sum_{i=1}^{n_j} \sum_{r=1}^{n_h} |E_{ji} - E_{hr}|/2n^2\bar{E} \qquad (5-8)$$

其中，G 代表总体基尼系数，$E_{ji}(E_{hr})$ 为 $j(h)$ 地区内第 $i(r)$ 个省份的农村居民客观福祉水平，E 代表全国各省份农村居民客观福祉水平的算术平均值。k 代表地区划分的个数，n 代表省份的个数，$n_j(n_h)$ 是第 $j(h)$ 地区内省份的个数。

具体地，首先按照区域内农民福祉水平的均值对 k 个区域作出排序，表示为 $\bar{E}_1 \leqslant \cdots \leqslant \bar{E}_j \leqslant \cdots \bar{E}_k$，其次将总基尼系数分解为区域内差异贡献（$G_w$）、区域间差异贡献（$G_{nb}$）和超变密度贡献（$G_t$）三个部分，即 $G = G_W + G_{nb} + G_t$。具体如下：

$$G_w = \sum_{j=1}^{k} G_{jj} p_j s_j = \sum_{j=1}^{k} G_{jj} \frac{n_j}{n} \frac{n_j \bar{E}_j}{n\bar{E}}, G_{jj} = \frac{1}{2\bar{E}_j} \sum_{i=1}^{n_j} \sum_{r=1}^{n_h} |E_{ji} - E_{hr}| / n_j^2$$

$$(5-9)$$

$$G_{jh} = \sum_{i=1}^{n_j} \sum_{r=2}^{n_h} \frac{|E_{ji} - E_{hr}|}{n_j n_h (\bar{E}_j + \bar{E}_h)}, G_{nb} = \sum_{j=2}^{k} \sum_{h=1}^{j-1} G_{jh}(p_j s_h + p_h s_j) D_{jh}$$

$$(5-10)$$

$$G_t = \sum_{j=2}^{k} \sum_{h=1}^{j-1} G_{jh}(p_j s_h + p_h s_j)(1 - D_{jh}), D_{jh} = \frac{d_{jh} - p_{jh}}{d_{jh} + p_{jh}} \quad (5-11)$$

$$d_{jh} = \int_0^{\infty} dF_j(E) \int_0^{E} F_j(E - x) dF_h(x), p_{jh} = \int_0^{\infty} dF_h(E) \int_0^{E} F_j(E - x) dF_j(x)$$

$$(5-12)$$

其中，G_{jj} 表示地区 j 的基尼系数，G_{jh} 代表地区 j 与 h 间的基尼系数，D_{jh} 代表地区 j 和 h 间农民福祉水平的相对影响。$F_j(F_h)$ 代表区域 $j(h)$ 农民福祉水平的累积分布函数。d_{jh} 和 p_{jh} 分别代表区域间农民福祉水平的差值和超变一阶矩阵，可理解为地区 j 与 h 中所有 $E_{ji} - E_{hr} > 0$ 的样本值加总的数学期望及所有 $E_{hr} - E_{ji} > 0$ 的样本值加总的数学期望。

考察农村居民客观福祉水平区域差异，主要利用农村居民客观福祉指数测算结果（见表 5-6）。

（2）区域差异动态分析

① 总体区域差异。图 5-4 反映了 2007～2018 年农村居民客观福祉水

平总体区域差异的演进态势。可以清晰地发现，农村居民客观福祉水平存在总体差异，但总体差异程度较低，基尼系数位于 0.065 ~ 0.169。从总体基尼系数的演变趋势来看，农村居民客观福祉差距的省级差异呈逐年缩小的趋势，且空间变化小而稳定。分析具体演进态势，2007 ~ 2013 年，总基尼系数整体呈稳步下降态势；2014 ~ 2018 年下降态势趋于平缓。相应的基尼系数由 2007 年的 0.169 下降至 2018 年的 0.065，年均下降率为 8.36%。综合来看，近十二年，农村居民客观福祉水平总体的空间差异呈下降态势，且随着时间的推移这种下降态势逐渐趋于平缓。

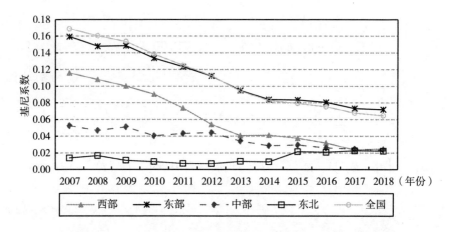

图 5 - 4　2007 ~ 2018 年农村居民客观福祉的总体差异及区域内差异
资料来源：笔者计算所得。

②区域内差异。图 5 - 4 展示了 2007 ~ 2018 年四大区农村居民客观福祉水平区域内差异的演变趋势。东部地区的变化态势与全国基本相似，呈两阶段变化：稳步下降（2007 ~ 2013 年）—下降趋缓（2014 ~ 2018 年），福祉基尼系数从 2007 年的 0.159 下降至 2018 年的 0.072，年均下降率为 6.97%。中部地区呈波动下降态势，考察期内福祉基尼系数从 0.052 下降到 0.024，年均下降率 7.01%。西部地区总体呈下降态势，2007 ~ 2012 年稳步下降，2013 ~ 2018 年下降趋于平缓，考察期内福祉基尼系数从 0.116 下降为 0.025，年均下降率为 12.03%。东北地区呈现一定的扁平"几"

字形特征，以 2014 年为临界点，呈"波动型稳步下降—波动型趋缓上升"两阶段变化，考察期内其福祉基尼系数从 0.014 上升至 0.022，年均增长率为 4.36%。总体而言，2007~2018 年，东部、中部、西部三大区域客观福祉区域内差异均呈逐年缩小趋势，但东北部地区内部农村居民客观福祉的差距则在逐渐增大。造成东北部地区差距拉大的原因，具体来看，东北三省客观福祉增速存在较大差别，表现为辽宁省（5.23%）远高于黑龙江省（4.00%）和吉林省（3.69%）。2003 年国家开始实施振兴东北战略，扩大对外开放，着力调整产业结构，实施民生改善政策，成效显著。但 2014 年开始，东北经济历经新一轮下降。事实上，东北三省由于特殊的地理位置，具有很高的相似度，如在 GDP 总量、社会消费品零售总额、城乡居民人均可支配收入方面，但在固定资产投资、一般公共预算、本外币存贷款余额存在差别。之后，东北三省的经济开始以辽宁省为首出现复苏，以 2018 年为例，区域的本外币存款、贷款余额，能够直观反映该地经济水平与富裕程度，该指标辽宁省超过吉林省和黑龙江省的总和（辽宁省达到 5.9 万亿元，吉林省约 2.2 万亿元，黑龙江省约 2.5 万亿元），固定资产投资可以反映企业及社会对某地区的未来发展信心，辽宁省率先恢复到 3.7% 的正向水平，吉林省为 1.6%，黑龙江省则为 -4.7%。而地区一般公共预算，辽宁省 2616 亿元的体量，同样超过吉林省 1240.8 亿元和黑龙江省 1282.5 亿元。同时以大连港为代表的辽宁港口经济以沿海经济带高质量发展为推动辽宁省重振提供基础。这是使得辽宁省与其他二省相比政府资源调配能力、民生投入与改善能力更强，进而出现农民客观福祉水平差异与其他两省差距较大的情况。

从差异数值来看，观测期内，东部、东北、中部、西部地区福祉基尼系数均值依次为 0.109、0.014、0.037 和 0.062。这表明农村居民客观福祉水平的非均衡性在东部地区内部表现最为突出，其次西部地区，再次为中部地区，最后为东北地区。测算的各省份农民客观福祉水平得分也可以印证这一结论，同样位于东部地区，处于长三角经济圈、京津冀都市圈等经济发达区的省份农民福祉水平都相对较高，如位于上述区域的北京市（0.684）、上海市（0.665）、浙江省（0.602）、江苏省（0.576）、天津市（0.557），农民客观福祉水平排在全国前五，而处于东部地区的其他省份如山东省、河北省、海南省等其客观福祉水平则明显偏低。西部地区内部差距也较为严重，由前面论述可知仅陕西、内蒙古、重庆等个别省份农村居民客观福祉相对较高，其余省份则远低于上述省份。位于中部地区的省份农民客观福祉差距并不显著，呈现出相对均衡状态。东北地区内部三省差距最小，差距基本保持在0.442左右。追溯更深层次的原因，东部地区位于几大经济圈、城市群的省份城镇化起步较早，加上政策、资本及技术等方面的优势，吸引了大量生产要素向该区域流动，产生虹吸效应，而反观其他东部省份虽与上述省份毗邻，但经济发展还不充分。西部地区部分省份，如重庆、湖北近几年经济实现较快增长，但对周边省市的辐射带动作用较小，甚至出现极化现象，再加上政府干预及政策支持等因素叠加影响，致使西部地区内部农民福祉存在较大差异。

③区域间差异。图5-5反映了2007~2018年我国四大区域农村居民客观福祉水平区域间差异的演进趋势。整体来看，东部—西部、东部—东北、中部—西部、西部—东北地区区域间差异均呈递减态势，具体可以分为：快速下降—相对放缓两个阶段。2007~2013年，四大区农村居民客观福祉水平的区域差异在快速缩小，2014~2018年区域差异平缓缩小。其中，2007~2018年，东部—西部，区域间福祉基尼系数由0.254下降至0.101，年均下降率为8.01%；东部—中部，区域间福祉基尼系数从0.127下降至0.089，年均下降率仅为3.83%。东部—东北，区域间基尼系数由0.192下降至0.101，年均下降率为5.65%；中部—西部，由0.172下降至0.027，年均下降率15.48%；中部—东北，由0.098下降至0.027，年均下降率为

11.02%；西部—东北，则由 0.113 下降至 0.026，年均下降率为 12.58%。

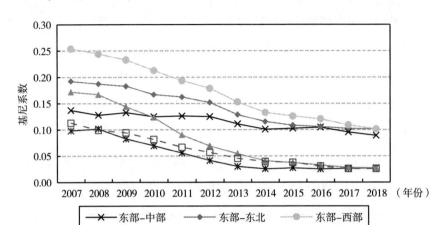

图 5-5　2007~2018 年农村居民客观福祉水平的区域间差异
资料来源：笔者计算所得。

从相对水平来看，考察期内中部—西部区域间差异缩小趋势最快，其次为西部—东北、中部—东北、东部—西部，最后为东部—东北和东部—中部地区。从绝对量来看，可以分为两个梯队，一是考察期内，东部地区与其他地区之间的差异最大，具体地，东部—西部地区农村居民客观福祉区域间差异明显高于其他地区，东部—东北部地区区域间差异略高于东部—中部地区，两者差距相对较小。2014 年之后，东部与其他三个地区的区域间差距逐渐收敛趋同。二是中部—西部地区、西部—东北地区与中部—东北部地区，中部—西北地区区域间差距均值高于西部—东北地区，中部—东北地区区域间差异最小。且随着时间的推移，三大区差异基本收敛到同一稳态水平。这主要是由于东部地区具有优势地理区位，贸易开放程度、市场化水平较高，促进了经济的快速增长，并形成增长"高地"，加之在资金、基础设施建设、公共服务水平等方面的有利条件也为其发展奠定基础，进而为农民生活质量提升提供多方位支撑。中部、东北、西部地区虽然拥有资源禀赋优势，但生产要素匮乏且外流趋势明显、产业升级转型进程缓慢，内外部的支撑条件不足，形成发展"洼地"，致使这些地区农民福祉水平相较于东部地区存在较大差距。但需要指出的是，相较于西部地区，中部、东北部地区之间实质上拥有更多相似性，相应地二者之间的差距也相对较小。此外，从结果看，四大区域农民福祉水平极差在逐渐变小，依照目前发展趋势，以收入为信息基础的农民福祉评价，区域间整体协调性将得到提高，以可行能力为基础评价的农村居民客观福祉水平可以逐步稳定在合理的范围内并逐步缩小，最终趋于均等化。这与田建国（2019）、王圣云（2018）等对中国居民福祉的研究所得结果类似。

④区域差异成因分析。表5-8显示了达岗姆（Dagum）基尼系数的分解结果。考察期内，就农民福祉的区域差异即空间不平衡性的演进趋势而言，区域内差异贡献率变化趋势较为平稳呈微弱下降态势，由2007年的21.72%下降至2018年的20.49%，年均下降率仅为0.53%。区域间差异贡献率在波动中呈微弱上升态势，贡献率由2007年的68.49%上升至2018年的70.64%，增幅为8.02%，年均增长率为0.28%。超变密度可以反映总体空间不均衡来源中不同区域间交互效应的贡献程度（杨晓军等，2020；辛冲冲等，2019）。其贡献率变化总体呈轻微波动下降趋势，2007年其贡献率为9.79%，2018年下降为8.87%，年均下降率为0.89%。综合来看，区域间差异贡献远高区域内差异和超变密度，是造成农民福祉水平总体差异的主要原因，其贡献率均值为71.50%。区域内差异贡献居中，贡献率均值为20.86%，超变密度贡献最小，贡献率均值为7.65%。说明缩小地区间的差异仍是未来的关注重点，此外，虽然在农民客观福祉水平总体空间差异的三大来源中，超变密度其贡献程度最低，但其的存在表明存在农民福祉水平的区域交叠效应，即并非所有东部地区的省份其农民福祉水平都高于中西部地区省份，这仍然提示我们实现农民福祉水平均等化的过程中，既要重视自身的特殊性，也要充分考虑区域间的交互效应。

表 5 – 8　　　　2007 ~ 2018 年农村居民客观福祉区域差异及差异来源贡献演进

年份	区域内差异		区域间差异		超变密度	
	差异	贡献率（%）	差异	贡献率（%）	差异	贡献率（%）
2007	0.037	21.72	0.116	68.49	0.017	9.79
2008	0.034	21.26	0.113	70.29	0.014	8.45
2009	0.033	21.81	0.106	69.01	0.014	9.18
2010	0.030	21.59	0.097	69.84	0.012	8.57
2011	0.027	21.43	0.088	70.77	0.010	7.79
2012	0.023	20.51	0.083	73.51	0.007	5.98
2013	0.019	19.84	0.070	74.65	0.005	5.51
2014	0.017	20.51	0.060	72.93	0.005	6.56
2015	0.017	20.94	0.057	72.07	0.006	7.00
2016	0.015	20.47	0.055	72.52	0.005	7.01
2017	0.013	19.71	0.050	73.23	0.005	7.06
2018	0.013	20.49	0.046	70.64	0.006	8.87

资料来源：笔者计算后整理所得。

5.4 ▶ 本章小结

　　本章基于可行能力理论，结合后小康时代背景下城乡之间发展不平衡、农村发展不充分的现实，基于三大客观福祉功能维度，构建包含收入水平、健康及教育、生活便利程度、生活水平、社会保障以及生态环境 6 个能力指标具体涉及 36 个基础指标的农村居民客观福祉评价体系，采用全局主成分分析法（GPCA）对 2007 ~ 2018 年我国省际农村居民客观福祉进行实证测量及时序分析，并运用达岗姆（Dagum）基尼系数探究客观福祉地区差异的动态演变及成因。结果表明：第一，农村居民客观福祉水平具有明显的时序变化特征。考察期内，农村居民客观福祉指数平稳上升，三个功能维度指数也均呈现上升趋势，但变化趋势存在差异。从绝对差异来看，呈现"东部 > 东北 > 中部 > 西部"的分梯度规律，区域非均衡特征显著。从相对差异来看，四大区域农村居民客观福祉水平存在增速差异，农民客观福祉水平较低的中部、西部地区年均增长率较高，而客观福祉水平较高的东部及东北地区其年均增长率则较低，中西部地区农村居民客观福祉水平的增长"赶超趋势"明显。从各省份客观福祉的动态变化来看，考察期内东部地区内部各省份农村居民客观福祉水平变化态势相对稳定，中部、西部地区各省份整体呈波动变化趋势，但西部地区波动幅度小于中部，而东北地区农村居民客观福祉水平跳跃性较大。第二，就区域差异及其来源而言，2007～2018年，农村居民客观福祉水平的总体区域差异呈现平稳下降特征，基尼系数位于0.065～0.169。具体到区域内差异，东部、中部、西部三大区域客观福祉区域内差异均呈逐年缩小趋势，具体可以分为稳步下降—下降趋缓两阶段，但东北地区内部农村居民客观福祉的差距则在逐渐增大，呈现扁平"几"字形变化。四大区中，农村居民客观福祉水平的非均衡性在东部地区内部表现最为突出，其次为西部地区，再次为中部地区，最后为东北地区。具体到区域间差异，四大区域两两之间的差异整体都呈递减态势，但东部地区与其他三个地区的区域间差异远高于其他三个区域两两间的区域间差异，2014年之后，东部与其地区及其他三个地区之间的区域间差距，随着时间的推移，逐步收敛到同一稳态水平。就总体差异成因来看，造成农民客观福祉存在区域差异的主要原因为区域间差异，其次为区域内差异，最后为超变密度。

第6章

互联网技术应用对农村居民客观福祉影响的实证研究

前面构建了农村居民客观福祉的衡量指标，但互联网发展对其产生的影响则需要使用计量模型来回答。参考已有的文献，使用户均手机拥有量作为地区互联网发展程度的代理变量，以此验证互联网对农村居民客观福祉的促进（或者阻碍）作用。接下来，通过地区子样本和子维度客观福祉来讨论模型具备的异质性问题。另外，考虑到互联网所具备的独特空间以及报酬递增特征，使用了空间计量模型和门槛模型来考察互联网发展对农村居民客观福祉所带来的外溢效应及非线性特征。

6.1 ▶ 研究假设

在第 2 章关于概念界定的分析中，农村居民客观福祉由三个部分组成，分别是基础功能福祉、发展功能福祉和可持续功能福祉。由前面机制分析，互联网的发展改变了经济体中的技术结构，扩展了个体选择中约束条件的参数空间，因而让农村居民具备更强的可行能力。这种可行能力同时对基础功能福祉、发展功能福祉和可持续功能福祉产生正面影响，故可以提升农村居民客观福祉。具体而言，在基础功能福祉方面，互联网带来的生产效率提升可以增加农户收入，改善教育水平以及促进健康水平；发展功能福祉方面，互联网的信息功能发挥了重要作用，公共网络平台可以充分反映居民偏好，从而有利于帮助政府有针对性地提供公共服务，从而增进农村居民发展功能。互联网的信息功能同样在可持续功能福祉方面发挥了作用，居民的环境诉求可以更方便、快捷地传递到相关部门，同时，环境部门也可以利用大数据对环境进行监管，这一过程增进了农村居民可持续功能福祉。综上所述，互联网发展或将对农村居民客观福祉产生正面影响。另外，考虑到互联网的超越物理空间的特性，其正外部性将通过网络效应、示范效应以及信息效应对毗邻地区农村居民福祉产生正面影响。同时，互联网发展还会对农村居民客观福祉带来非线性影响，互联网发展程度等门槛变量均会对农村居民福祉带来不同影响。从前面的分析可知，互联网发展程度越高的地区，对农村居民客观福祉的促进效应将更加明显。综上所述，提出三个研究假设。

假设6.1：互联网发展对农村居民客观福祉有正面影响；

假设6.2：互联网发展具有空间溢出效应，将对邻近地区农村居民客观福祉产生正面影响；

假设6.3：互联网发展具有门槛效应，互联网发展程度越高，对农村居民客观福祉的提升作用越明显。

6.2 ▶ 互联网技术应用对农村居民客观福祉的实证分析

6.2.1　模型、变量与数据来源

(1) 模型设定

$$Wellbeing_{i,t} = \alpha_0 + \beta_1 Cellphone_{i,t} + \sum_{j=2}^{n} \beta_j X_{i,t} + \mu_i + \delta_t + \varepsilon_{i,t} \quad (6-1)$$

其中，$Wellbeing_{i,t}$ 表示 i 省在 t 年农村居民的客观福祉指数。$Cellphone_{i,t}$ 表示 i 省在 t 年农村互联网发展水平，用户均移动电话拥有量衡量。$X_{i,t}$ 是一系列控制变量，后文将详细说明。

(2) 变量定义与说明

① 被解释变量。被解释变量是农村居民客观福祉指数，它由三个维度的功能指数构成，这三个维度分别是基础功能指数、发展功能指数和可持续功能指数。本书在前一章中详细阐述了农村居民客观福祉指数的构建思路，此处不再赘述。

② 核心解释变量。本章的核心解释变量为农村互联网发展水平。在现有的文献中，衡量地区互联网发展水平的指标包括互联网普及率、上网人数、互联网资源、网站数、网页数（Freund et al.，2004；施炳展，2016；郭家堂等，2016；张旭亮等，2017；安同良等，2020）等。与单一指标相对应，也有学者构建了综合指标衡量地区互联网发展水平[①]

[①]　在他们的研究中，使用了 5 个一级指标和 11 个二级指标来测度各省份的互联网发展水平。其中 5 个一级指标分别是互联网普及率、互联网基础设施、互联网信息资源、互联网商务应用和互联网发展环境。

（韩先锋等，2019）。然而，过去文献的研究对象大都是整个省份或者是城市地区，并未单独研究农村地区的互联网发展状况。就本章而言，最合适的指标是农村居民上网人数或者农村互联网普及率。但在各种公开的统计资料中，大都仅报告了各省份的总体互联网普及率及上网人数规模，农村相关数据并未单独列出①。为此，本章选择每户农村居民拥有手机数量作为农村互联网发展水平的代理变量。之所以选择该变量，原因有二：其一，上网设备是接入互联网的重要载体，上网设备拥有量与上网人数高度相关，因此该变量可以度量各省份农村网民规模；其二，随着移动互联网的飞速发展，手机逐渐成为农村居民最重要的上网设备②；其三，本章并未使用农村网民上网比例这一变量刻画互联网发展水平，因为《中国统计年鉴》提供的数据是每户农村居民手机拥有量，而并没有同时提供各省农村居民总户数数据。考虑到互联网的准公共品以及跨地区属性，用户绝对规模也是衡量其深化程度的良好指标（安同良等，2020）。

③ 控制变量。为克服遗漏变量可能导致的估计偏误，这里还控制了一系列其他变量：a. 城镇化水平，使用常住城镇人口与总人口比值衡量；b. 金融发展水平，使用金融机构年末存贷款余额与 GDP 比值衡量；c. 贸易开放水平，使用进出口总额与 GDP 比值衡量；d. 市场化水平，用非国有企业员工数量占总就业人数比重衡量；e. 经济发展水平，用人均 GDP 衡量③。另外，互联网发展水平涉及基础设施建设，这与地方政府能力密切相关。为此，本章还控制了一系列与政府能力相关的变量，包括：a. 政

---

① 在中国互联网信息中心（CNNIC）所公布历年《中国农村互联网调查报告》中，包含了全国农村互联网普及率，但并未给出分省数据。

② 2010 年，农村网民中使用手机上网的用户为 8826 万人，占农村网民总数的 70.7%（中国互联网信息中心，2011）。到 2015 年，农村网民使用手机上网的比例达到 87.1%，超过台式电脑的 63.4% 和笔记本电脑的 25.6%（中国互联网信息中心，2016）。

③ 用价格指数进行了平减。

府干预，使用财政支出占 GDP 比重衡量；b. 产业结构①，用第三产业与第二产业增加值的比重衡量；c. 信息产业政策，结合回归数据的时间段，参考各省份"十一五""十二五"和"十三五"规划报告，若在期间内将信息基础设施产业作为重点规划产业，取值为1②，否则取值为 0。最后，互联网发展还与人口规模相关③，故在控制变量中增加了人口密度这一变量。具体如表 6 - 1 所示。

表 6 - 1　　　　　　　　　变量统计性描述

变量	观测值	均值	标准差	最小值	最大值
客观福祉指数	360	0.435	0.124	0.154	0.767
每户居民移动电话拥有量	330	1.838	0.581	0.422	2.916
城镇化水平	330	0.541	0.135	0.282	0.896
金融发展水平	330	1.679	0.742	0.108	5.587
贸易开放水平	330	0.303	0.361	0.017	1.721
市场化水平	330	0.712	0.106	0.440	0.899
经济发展水平	330	10.371	0.530	8.980	11.615

---

①　在完全竞争条件下，产业结构与不同经济发展阶段相对应。然而，中国的发展模式更多的是有为政府和有效市场的结合，每一期的五年规划显示出地方政府的产业结构偏好，因此该变量同样与政府能力相关。

②　例如安徽省"十一五"规划报告提出加快建设"数字安徽"。具体内容包括：建立"数字安徽"基础设施体系，加强宽带通信网、数字电视网和下一代互联网等信息基础设施建设，积极推进"三网融合"。加快建设骨干网，整合城域网，发展接入网，建成以基础网络为依托，以高速传输为通道，以高速交换为核心，覆盖全省、安全可靠、功能完备、适应经济国际化的信息平台。高速网络基础设施基本延伸到乡镇，全省电话普及率达到60%，互联网用户达到400万人次。建立"数字安徽"的支撑、应用体系大力开发全省信息资源基础数据库，建设空间地理信息、宏观经济信息、法人信息、人口信息等数据库，发展地理信息产业，实现信息资源的标准化、数字化，提高共享水平。以电子政务为先导，着力推进县乡电子政务系统建设，加快数字技术的推广应用，全面建设电子政务、电子商务、社区服务、农村信息服务等应用系统。大力推进企业信息化，充分利用信息技术改造企业。建设全省电子口岸系统。加强网络与信息安全保障强化安全监控、应急响应、密钥管理、网络信任等信息安全基础设施建设。加强基础信息网络和重要信息系统的安全防护。发展咨询、测评、灾备等专业化信息安全服务。健全安全等级保护、风险评估和安全准入制度。

③　从互联网网络供给方的角度来看，通信基站的建设可以看作固定成本投入，而多一个人使用互联网的边际成本几乎为零，这意味着地区人口密度越大，通信基站的平均固定成本越小，其利润就越高，通信公司就会有更多的激励在该地区兴建移动网络基站。

变量	观测值	均值	标准差	最小值	最大值
政府干预	330	0.228	0.097	0.087	0.627
产业升级	330	1.155	0.350	0.236	2.002
信息产业政策	330	0.517	0.500	0	1
人口密度	330	5.438	1.271	2.033	8.250

（3）数据来源

本章所使用数据覆盖 2007～2018 年中国 30 个省（区、市），其中西藏自治区相关数据缺失较多，故做删除处理，同时也不含港澳台地区。福祉数据由前面计算而来，其余数据若未作特殊说明，皆来自《中国统计年鉴》《中国科技统计年鉴》《中国金融统计年鉴》以及历年各省"十一五""十二五""十三五"规划报告。

6.2.2　基准回归结果

利用简单最小二乘法（OLS），应用模型（1），估计 2007～2018 年互联网发展水平对农村居民客观福祉的影响。基准回归结果如表 6-2 所示，第（1）列未控制任何变量，第（2）列控制了时间及省份固定效应，第（3）列进一步控制了城镇化水平、金融发展水平、贸易开放水平、市场化水平与经济发展水平等变量，第（4）列增加了政府能力与人口密度变量。可以看到，核心解释变量每户居民移动电话拥有量的估计系数均在 1% 的水平上显著为正，这意味着农村互联网的发展有利于提升其客观福祉。在控制变量方面，城镇化水平对农村居民客观福祉有显著的正向作用。与城镇化水平变量相似，市场化水平也对农村居民福祉有显著的正向影响，其估计系数为 0.460，甚至高于城镇化水平，这意味着若想继续提升农村居民客观福祉，持续推进市场化改革将是一个有效途径。人口密度变量同样在5%水平上显著为正，表明人口密度越大，农村居民客观福祉越高。更大的人口密度对应着更高的集聚程度，从而可以带来更多的公共品供给，这有利于提升农村居民的福祉。产业升级变量在10%水平上显著为正，第三产业比重越大，农村居民客观福祉越高。非农就业可能是其主要的作用机制之一，更发达的第三产业有利于吸收农村转移劳动力，进而通过增加收入等方式改善农村居民福祉。不过需要注意的是，该变量并不具备较高的"统计显著性"和"经济显著性"，从政策层面看，产业升级对农村居民客观福祉的提升作用比较有限。有意思的是经济发展水平变量，可以看到，其估计系数为0.043，且在10%的水平上也不显著。该结论提醒我们，单纯的经济增长并不必然提升农村居民的客观福祉。正如前面所定义的那样，农村居民客观福祉包含基础功能、发展功能和可持续功能三个维度，经济增长与可行能力扩展的正向联系并不明确，或者说，农村居民可行能力的扩展还需要除经济增长之外的其他变量，如分配政策、公共品供给以及基础设施建设等。最后，贸易开放水平、金融发展水平、政府干预能力与信息产业政策等变量均不显著，同时其估计系数的绝对值也偏小，表明至少在样本时期内，上述变量对农村居民客观福祉没有产生显著影响。

表6-2　　　　　　　　　基准回归结果

变量	(1) 客观福祉指数	(2) 客观福祉指数	(3) 客观福祉指数	(4) 客观福祉指数
户均移动电话拥有量	0.145 *** (0.007)	0.050 *** (0.007)	0.031 *** (0.008)	0.033 *** (0.009)
城镇化水平			0.378 *** (0.109)	0.410 *** (0.109)
金融发展水平			0.001 (0.001)	0.001 (0.000)
贸易开放水平			-0.018 (0.014)	-0.001 (0.014)
市场化水平			0.421 *** (0.115)	0.460 *** (0.114)

续表

变量	（1） 客观福祉指数	（2） 客观福祉指数	（3） 客观福祉指数	（4） 客观福祉指数
经济发展水平			0.032 （0.032）	0.043 （0.034）
政府干预				−0.001 （0.001）
产业升级				0.010 * （0.005）
信息产业政策				0.003 （0.003）
人口密度				0.112 ** （0.045）
地区固定效应	否	是	是	是
时间固定效应	否	是	是	是
N	360	360	360	360
R^2	0.459	0.977	0.979	0.980
adj. R^2	0.458	0.974	0.976	0.977

注：$*p<0.10$，$**p<0.05$，$***p<0.01$；括号内为稳健标准误。

6.2.3 地区子样本与子维度客观福祉

（1）地区子样本

接下来，从地区角度考察互联网发展水平对农村居民福祉的影响。与前一章划分标准相同，将全国省份分为四个区域，分别是东部地区、中部地区、西部地区和东北地区[①]。表6-3是地区子样本回归结果。可以看到，所有地区子样本的回归系数均为正，但绝对值和显著性水平存在明显差别。具体地，东部地区的估计系数为0.014，但其不显著。中部地区估

---

① 具体划分标准参照前文，此处不再赘述。

计系数稍微大一些，为 0.027，且在 10% 水平上显著。西部地区互联网发展水平变量的估计系数更大，为 0.040，同时，其显著水平也进一步提高到 5%。东北地区估计系数大了很多，且并不显著。不过考虑到该地区样本偏少，估计效力相对低下，故此处不再专门讨论东北地区的情况。综合来看，互联网发展水平对农村居民客观福祉的影响力度存在明显差异，相对而言，经济最不发达的西部地区最能够通过互联网提升农村居民客观福祉（体现为较高的显著性和较大的系数绝对值）。互联网的最大特征之一在于突破物理时空的约束限制，从而在一定程度上规避区域发展不均衡所导致的不良结果。显然，越是交通落后的欠发达地区，互联网的空间正外部溢出效应就越强，因此就越能提升该区域农村居民的客观福祉。

表 6-3　　　　　　　　　　客观福祉分地区回归结果

项目变量	(1) 东部地区	(2) 中部地区	(3) 西部地区	(4) 东北地区
户均移动电话拥有量	0.014 (0.020)	0.027 * (0.016)	0.040 ** (0.017)	0.186[①] (0.110)
控制变量	是	是	是	是
地区固定效应	是	是	是	是
时间固定效应	是	是	是	是
样本数	120	72	132	36
R^2	0.976	0.994	0.981	0.994

注：$*p<0.10$，$**p<0.05$；括号内为稳健标准误。

（2）子功能维度指数

前面论述中，我们通过可持续功能、发展功能和基础功能三个维度构建了客观福祉指数。基准回归报告了互联网发展水平如何影响构建的综合客观福祉指数，但各子功能维度与互联网发展水平的关系却被抽象掉了。

① 东北地区只包含黑龙江、吉林和辽宁三省，故回归样本较少。小样本的一个后果是自由度较小，这里 90% 显著水平对应的 t 值为 1.7，而非 1.65。

鉴于此，专门计算了三个子维度的功能指数，以考察互联网发展水平如何对其产生影响。表6-4给出了三个子功能维度的回归结果，具体来看：

第（1）列报告了可持续功能的估计结果，互联网发展水平变量的估计系数为-0.014，这提醒我们互联网发展对可持续功能所可能会产生的负面影响。由于主要使用环境变量刻画可持续功能，该结果也同时意味着互联网发展对环境可能存在负面效应。互联网的便捷性有利于提升生产效率、加速产品流通，这些都对生态环境造成了压力。举例而言，若互联网导致制造业效率提升，势必会带来土地价值的提升，此时更多的绿化面积可能转变为生产用地，从而带来生态压力。

第（2）列报告的是基础功能指数作为被解释变量的估计结果。互联网发展水平变量的回归，表明每户农村居民每多拥有一部移动电话，其发展功能指数提升0.12，占其均值的25%，这是一个较大的影响。根据定义，基础功能是每个社会都应该优先发展的功能，它与联合国人类发展指数（HDI）存在高度的相关性。从指数构成来看，基础功能包括了收入、健康和教育等变量，这意味着农村互联网发展水平可以带来更好的收入水平、健康状况以及教育水平。大量研究表明，互联网可以通过拓展农产品市场范围、提升农产品市场价值、增加非农就业以及延长工作时间等方式提升农户收入（刘晓倩等，2018；胡伦等，2019；刘生龙等，2021）；在健康方面，互联网使用能够维持和提升人力资本，提升农户体魄（胡伦等，2019）。另外，互联网的信息功能还可以通过正式社会支持与非正式社会支持[①]提升农村居民健康状况（李东方等，2018；杨妮超等，2020）。教育方面，互联网作为信息资本的主要媒介对家庭人力资本投资产生积极作用[②]。已有研究表明，受教育更多的人群在接触信息、使用信息和探索

---

① 文献中，正式社会支持主要指公共医疗服务，非正式社会支持主要指亲朋好友带来的情感和物质支持。

② 例如鲍威等（2019）的研究表明，在高等教育领域，家庭信息支持的差距扩大了高等教育获得差距。

信息方面具有优势（Attewell et al., 1999；Attewell, 2001），这种优势有助于家庭进行更有效地人力资本投资。在这种背景下，互联网的使用有助于在社会竞争中处于劣势地位的农民抹平"信息鸿沟"，更低廉的信息获取成本提升了其人力资本投资数量和质量，从而提升其教育获取能力①。

第（3）列是发展功能指数回归结果。核心解释变量的估计系数为0.01，在1%的水平上显著为正，表明互联网发展水平与农村居民发展能力存在正向联系。不过，与基础功能指数不同，互联网发展水平对农村居民发展功能的影响力度较小，其影响只占发展功能指数均值的2%左右。更具体来看，发展功能指数包含生活便利、生活水平与社会保障三个细分层次。生活便利主要与农村基础设施和公共品相关，互联网发展水平本身就意味着信息基础设施建设的覆盖增加，另外，公共信息的获取成本也因为互联网的介入大幅降低。在生活水平方面，互联网使用除了增加其收入外，一个重要的贡献来自丰富其娱乐活动，从而提升其生活质量。这意味着娱乐活动在各类互联网应用中占据重要位置。另外注意到，社会保障水平的提升也有利提升生活水平。显然，互联网的使用对社会保障水平有着正向促进作用。一个典型例子是，过去新型农村合作医疗需要线下缴费，如今通过互联网进行线上缴费、报销便可大大降低了其参保成本，增加参保概率。

表 6 - 4 互联网与子维度客观福祉

变量	（1） 可持续功能指数	（2） 基础功能指数	（3） 发展功能指数
户均移动电话拥有量	- 0.014 (0.016)	0.120 *** (0.011)	0.010 *** (0.002)
控制变量	是	是	是

① 杨钋等（2020）使用"中国家庭追踪调查"的数据，发现对于那些使用互联网的农村家庭而言，其子女参与校外辅导的可能性提高73%，参与辅导种类数增加1.51种。

续表

变量	(1) 可持续功能指数	(2) 基础功能指数	(3) 发展功能指数
地区固定效应	是	是	是
时间固定效应	是	是	是
样本数	360	360	360
R^2	0.942	0.955	0.982

注：*** $p < 0.01$；括号内为稳健标准误。

6.3 ▶ 互联网技术应用对农村居民客观福祉的空间效应

前一小节通过简单的 OLS 回归模型探讨了互联网发展水平对农村居民客观福祉的影响。然而，一个不能忽视的问题是，省际的联系可能对估计结果产生影响。当经济模型中的变量是空间位置的密度函数时，使用普通最小二乘法会造成估计偏误。作为方法上的补充，考虑了包含时间效应的空间计量模型。该模型不仅可以通过引入空间矩阵变量提高估计效力，还能帮助理解互联网技术使用对农村居民客观福祉的空间溢出效应。

6.3.1　空间分布特征及空间相关性诊断

第 5 章测算了 2007 ~ 2018 年农村居民客观福祉水平，并分析了其时序和区域变化特征，结果表明各省份之间、不同区域之间客观福祉水平存在一定的差异性，这种差异性反映在空间上是否会具有一定的分布规律？不同区域之间的农村居民客观福祉是否存在空间效应？回答这一问题可为农村居民客观福祉纳入空间计量模型中进行实证分析提供依据。因此，本节引入聚类分析、*Moran's I* 指数等方法对农村居民客观福祉的空间分布特征与空间相关性进行考察。

（1）农村居民客观福祉空间分布特征

农村居民客观福祉的聚类分析。聚类分析可以按照一定的标准将考察对象做出分组，且当考察对象存在地域特征时，也可以展现出其在空间上呈现何种分布格局，此处运用应用较广的 K-Means Cluster 聚类分析。具体地，假定给出的样本是 $\{x^{(1)}, \cdots, x^{(n)}\}$，每个 $x^{(i)} \in R^n$，随机选取 k 个聚类质心点 $\mu_1, \mu_2, \cdots, \mu_k \in R^n$，然后进行最小化处理。

$$J = \sum_{n=1}^{N} \sum_{k=1}^{K} \Gamma nk \parallel x_n - \mu_k \parallel^2 \qquad (6-2)$$

一般采用多次迭代的方法求出最优的 x_n 和 μ_k，从而达到整个函数取值最小化的目的，得到最小函数值 J，而 μ_k 则要满足：

$$\mu_k = \frac{\sum_n \Gamma nkx_n}{\sum_n \Gamma nk} \qquad (6-3)$$

此时 μ_k 为最优的取值，即为所有 cluster k 中的数据点的平均值。

根据该方法，将客观福祉水平划分为高福祉区、中福祉区和低福祉区三类。结果如表6–5所示。从聚类的结果看，农村居民客观福祉水平空间分布呈现明显的区域性特点，北京、上海、浙江、天津、江苏 5 个省（市）处于高福祉区；山东、福建、广东、辽宁、陕西、山西、黑龙江、吉林、湖北、河北、安徽、江西、新疆、内蒙古 14 个省（区）处于中福祉区，其农村居民的客观福祉水平还有待提升；海南、重庆、宁夏、河南、四川、湖南、云南、贵州、青海、甘肃、广西 11 个省（区、市）则处于低福祉区，这也是国家给予资源倾斜重点支持其农业、农村、农村居民发展的主要地区。总体来说，农村居民客观福祉高值区主要分布东部地区；中福祉区中，除山东、福建、广东、河北和山东外，其余均分布在中部、西部及东北地区；而低福祉地区，除位于东部区的海南及中部地区的河南和湖南外，均由西部地区的省份构成。

表6-5 农村居民客观福祉指数年均值的聚类分析

集聚类型	省份
高福祉区	北京、上海、浙江、天津、江苏
中福祉区	山东、福建、广东、辽宁、陕西、山西、黑龙江、吉林、湖北、河北、安徽、江西、新疆、内蒙古
低福祉区	海南、重庆、宁夏、河南、四川、湖南、云南、贵州、青海、甘肃、广西

（2）空间相关性诊断

农村居民客观福祉研究能否纳入空间计量的研究之中，需要先进行空间相关性诊断。基于前一节对农村居民客观福祉水平的聚类分析，发现样本期内农村居民客观福祉水平存在区域集聚现象，但需要进行空间自相关分析进行更加严谨的验证。本章采用全局 $Moran's\ I$ 指数来分析我国农村居民客观福祉是否具有显著的空间相关性。

全局 $Moran's\ I$ 又叫全局莫兰指数，该指标可以在空间上反映出被考察对象是否有空间集聚、空间离散或者空间随机等空间特征的发生（马大来，2015）。其取值范围为 $[-1, 1]$，当 $Moran's\ I$ 取值为 0 时，表明农村居民客观福祉不存在空间相关性；当其取值等于 -1 时，表明农村居民客观福祉完全空间负相关；反之取值为 1 时，则农村居民客观福祉完全空间正相关。如果 $Moran's\ I$ 的 Z-score 正态分布统计量通过了一定置信水平（10%、5%或1%）的假设检验，则表明 $Moran's\ I$ 是显著存在的。其具体的计算公式如下：

$$Moran's\ I = \frac{n}{\sum\limits_{i=1}^{n}(x_i - \bar{x})^2} \frac{\sum\limits_{i=1}^{n}\sum\limits_{j=1}^{n}W_{ij}(x_i - \bar{x})(x_j - \bar{x})}{\sum\limits_{i=1}^{n}\sum\limits_{j=1}^{n}W_{ij}} \quad (6-4)$$

式（6-4）中，n 代表空间单元数目，x_i 和 x_j 分别代表 i 地区和 j 地区所考察变量的观测值，$\bar{x} = (\sum_i x_i)/n$，代表所考察变量观测值的平均值，W_{ij} 为空间权重矩阵。

本章采取地理权重矩阵、经济权重矩阵、经济距离和地理距离嵌套权重矩阵进行空间计量权重设定：

首先是地理权重矩阵，其设定如下：

$$W_{ij} = \begin{cases} \dfrac{1}{d} & ,i \neq j \\ 0 & ,i = j \end{cases} \qquad (6-5)$$

其中，d 表示省份之间的地理距离，根据省会城市的经纬度坐标计算得出。空间权重矩阵被设定为两省份之间距离的倒数。

其次是经济地理矩阵。根据韩峰等（2020），使用各省份人均 GDP 构建经济距离空间权重矩阵：

$$W_{pergdp} = \frac{1}{|\bar{E}_i - \bar{E}_j|} \qquad (6-6)$$

其中，$\bar{E}_i$ 和 $\bar{E}_j$ 分别表示 i 省和 j 省在 2007~2018 年人均 GDP 均值①。

最后，为了综合反映地理信息与经济特征的空间影响效应本文还考虑了经济距离和地理距离的空间嵌套矩阵，根据凯斯等（Case et al.，1993）的工作，设定嵌套矩阵如下：

$$W_{de} = \varphi W_d + (1-\varphi) W_e \qquad (6-7)$$

其中，$\varphi \in (0,1)$，表示地理距离矩阵所占的权重，用来衡量空间交互效应中地理的重要程度，相应地，剩余部分用于衡量经济距离的重要程度。参考邵帅等（2016）的做法，将系数设定为 0.5，即不论是经济距离抑或地理距离，二者的重要程度均等。无论采用何种矩阵，本书都将其标准化，同时让各行元素之和为 1。

---

① 和之前一致，我们对该变量用价格指数进行了平减。

本章采用上述三种空间权重矩阵，运用 Matlab 软件，测算出 2007 ~ 2018 年我国 30 个省（区、市）农村居民客观福祉的全局 *Moran's I* 数值，由表 6 - 6 列式结果可知，农村居民客观福祉的全局 *Moran's I* 数值均通过了 1% 显著性检验，且值均为正，这充分验证了各个地区的农村居民客观福祉水平在空间上表现出较强的正相关性的特征，因而有必要将空间计量模型引入实证分析中。

表 6 - 6　　　　2007 ~ 2018 年农村居民客观福祉水平的 *Moran's I* 值

年份	地理权重矩阵		经济权重矩阵		经济地理嵌套矩阵	
	Moran's I	Z 值	*Moran's I*	Z 值	*Moran's I*	Z 值
2007	0.170 ***	6.213	0.375 ***	4.790	0.195 ***	6.350
2008	0.166 ***	6.083	0.378 ***	4.827	0.192 ***	6.277
2009	0.152 ***	5.649	0.380 ***	4.853	0.181 ***	5.964
2010	0.149 ***	5.569	0.389 ***	4.961	0.180 ***	5.942
2011	0.134 ***	5.113	0.386 ***	4.915	0.167 ***	5.591
2012	0.120 ***	4.691	0.365 ***	4.675	0.154 ***	5.230
2013	0.117 ***	4.597	0.366 ***	4.689	0.151 ***	5.139
2014	0.096 ***	3.965	0.353 ***	4.536	0.131 ***	4.578
2015	0.088 ***	3.709	0.348 ***	4.480	0.120 ***	4.271
2016	0.084 ***	3.598	0.368 ***	4.705	0.119 ***	4.237
2017	0.071 ***	3.208	0.338 ***	4.358	0.102 ***	3.776
2018	0.062 ***	2.915	0.340 ***	4.383	0.096 ***	3.601

注：*** $p < 0.01$。

6.3.2　空间计量模型设定

基于前面对农村居民客观福祉空间分布特征及空间相关性分析可知，农村居民客观福祉水平存在明显的空间集聚特征和空间依赖性特征，因此，需要考虑包含空间效应的空间计量模型。该模型不仅可以通过引入空间矩阵变量提高估计效力，还能帮助理解互联网发展对于农村居民客观福祉的空间溢出效应。根据已有的文献，常用的空间计量模型有空间滞后模型（SAR）、空间误差模型（SEM）与空间杜宾模型（SDM），模型的具体形式如下：

(1) 空间滞后模型（SAR）

$$Wellbeing = \lambda (I_\tau \otimes W_N) Wellbeing + \beta Cellphone + rX + \varepsilon \qquad (6-8)$$

(2) 空间误差模型（SEM）

$$Wellbeing = \beta Cellphone + rX + \varepsilon, \varepsilon = \rho (I_\tau \otimes W_N) \varepsilon + r \qquad (6-9)$$

(3) 空间杜宾模型（SDM）

$$Wellbeing = \lambda (I_\tau \otimes W_N) Wellbeing + \beta Cellphone + rX + \theta (I_\tau \otimes W_N) Cellphone$$
$$+ \delta (I_\tau \otimes W_N) X + \varepsilon \qquad (6-10)$$

其中，$Wellbeing$ 依然表示农村居民的客观福祉，$Cellphone$ 表示农户中使用移动电话的人数。X 是一系列控制变量矩阵。β 为核心解释变量的估计系数，λ、ρ 表示空间效应系数。

进行估计之前，需要进行一系列检验以确定模型的具体形式。本章选择较为常用的空间邻近距离权重矩阵①。如果两省相邻②，令空间权重元素等于 1，如果不相邻，对应元素取值为 0。我们首先对不包含空间效应的一般面板数据进行 OLS 估计，通过得到的拉格朗日乘数（LM）及其稳健统计量（Robust）确定选择空间误差模型（SEM）、空间自回归模型（SAR）

---

①　在后面的稳健性检验中，还将使用逆地理距离矩阵、经济距离矩阵、经济地理嵌套矩阵。

②　本章所定义的相邻是车相邻（rook contiguity），即两个相邻的省有共同的边界。另外两种分别是象相邻（bishop contiguity）和后相邻（queen contiguity）。前者指两个相邻的省没有共同的边，但拥有共同的顶点；后者则指两个相邻省既有共同的边又有共同的顶点。

还是不包含空间变量的面板数据模型。从表6-7中可以看到，在地理邻近空间矩阵的设定下，空间误差模型的 LM 检验在1%的水平上显著，表明空间误差模型优于空间自回归模型。接下来对空间杜宾模型进行了 LR 检验，结果表明空间杜宾模型更为适用。为此，在接下来的分析中，本章仅报告基于空间杜宾模型的估计结果。

表6-7 空间面板模型的 LM 检验

LM 检验	χ^2	P 值
no lag	0.261	0.609
no lag（robust）	0.068	0.795
no error	15.761	0.000
no error（robust）	15.567	0.000

6.3.3 基准回归结果

表6-8为使用空间杜宾模型的估计结果。表中同时报告了其他模型的回归结果。比较四个模型，其 log-lik 值分别为895.834、977.240、730.220、1001.321，注意到时空固定效应模型的 log-lik 值最大[1]，故选择使用时空固定效应的空间杜宾模型作为本书的最终解释结果。该模型的空间自回归系数（rho）估计值为0.333，表明空间要素确实在回归中发挥了作用。就我们关注的核心解释变量而言，其估计系数为0.021，且在1%的水平上显著，这表明互联网发展水平确实可以提升农村居民福祉。另外，核心解释变量的空间滞后项回归系数也显著为正，表明本地区互联网发展水平若有增加，邻近地区的农村居民客观福祉也会有所提升。

———————————

① 事实上，除了 log-lik 值以外，时空固定效应的 R^2 为0.912，大于其他三个模型的 R^2，该结果也表明时空固定效应模型具有更好的解释力。

表 6 - 8　　　　空间杜宾模型实证结果：互联网发展水平与农村居民客观福祉

变量	（1）随机效应	（2）空间固定效应	（3）时间固定效应	（4）时空固定效应
户均移动电话拥有量	0.011 * (0.007)	0.016 * (0.007)	0.012 (0.008)	0.021 *** (0.110)
W * 户均移动电话拥有量	0.000 (0.010)	0.004 (0.010)	0.028 * (0.016)	0.017 *** (0.003)
控制变量	是	是	是	是
Log-lik	895.834	977.240	730.220	1001.321
rho	0.539 *** (0.047)	0.521 *** (0.047)	0.231 *** (0.061)	0.333 *** (0.060)
样本数	360	360	360	360
R^2	0.845	0.177	0.291	0.912

注：* $p < 0.10$，*** $p < 0.01$；括号内为稳健标准误。

表 6 - 9 报告了不同矩阵的估计结果。三个模型中，空间自相关系数（rho）在 1% 的水平上显著为正，表明使用新空间权重矩阵的模型是合适的。从稳健性检验结果看，无论是逆地理矩阵、经济距离矩阵还是经济地理嵌套矩阵，核心解释变量依然在 1% 的水平上显著为正，和前面保持一致。此外，表 6 - 9 中各模型的估计系数与表 6 - 8 中的估计系数绝对值大小相差无几，这再次证明之前的估计是稳健的。互联网发展水平的空间滞后项回归系数为正，除了经济距离矩阵外，模型（1）和模型（3）的回归系数均在 10% 的水平上显著，表明互联网发展水平存在空间溢出效应。

表 6 - 9　　　　　　　　　不同空间矩阵估计结果

变量	（1）逆地理矩阵	（2）经济距离矩阵	（3）经济地理嵌套矩阵
户均移动电话拥有量	0.022 *** (0.007)	0.028 *** (0.008)	0.022 *** (0.007)
W * 户均移动电话拥有量	0.010 ** (0.005)	0.008 (0.019)	0.073 * (0.040)

续表

变量	(1) 逆地理矩阵	(2) 经济距离矩阵	(3) 经济地理嵌套矩阵
控制变量	是	是	是
时间固定效应	是	是	是
空间固定效应	是	是	是
Log-lik	998.058	939.398	1012.077
rho	0.424 *** (0.079)	0.033 *** (0.010)	0.314 *** (0.152)
样本数	360	360	360
R^2	0.818	0.521	0.606

注：$*p<0.10$，$**p<0.05$，$***p<0.01$；括号内为稳健标准误。

6.3.4　进一步讨论

根据埃洛斯特（Elhorst，2014）的工作，当计量模型同时包含全局效应和局部效应时，解释变量的估计系数无法反映其边际效应，因而需要进一步分析解释变量在空间中的外溢效果，即通过参数估计给出核心解释变量的直接效应和间接效应。在前面，核心解释变量的空间滞后项回归系数显著，表明可能存在空间溢出效应。然而，正如勒萨热等（Lesage et al.，2009）指出的那样，仅仅依靠空间杜宾模型的估计结果来阐释变量的空间外溢性可能会导致某种偏误。为此，根据大多数文献的做法，通过多空间计量模型求偏导的方法计算直接效应和间接效应。这里，直接效应表示本省份互联网发展水平对农村居民客观福祉的影响（本地效应），间接效应则表示本地区互联网发展水平对邻近省份农村居民客观福祉的影响（溢出效应）。在空间杜宾模型的设定下，直接效应（direct effects，DE）可以表示为：

$$DE = \{(I-\rho W)^{-1} \times (\beta_k I + \sigma_k W)\}^{\overline{d}} \qquad (6-11)$$

$\overline{d}$ 表示矩阵的对角元素行平均值，相应地，间接效应（indirecet

effects，IE）可以表示为：

$$IE = \{(I - \rho W)^{-1} \times (\beta_k I + \sigma_k W)\}^{rsum} \qquad (6-12)$$

rsum 表示对矩阵的非对角元素求行平均值。间接效应度量了相邻省份的互联网发展对本地区农村居民福祉的影响。

表 6-10 给出了不同空间矩阵选择下空间杜宾模型核心解释变量的分解结果。可以看到，无论选取何种矩阵，户均移动电话拥有量这一核心解释变量的估计系数都显著为正，这与前面的结果一致。本地区互联网的发展水平对农村居民客观福祉有正向影响。这里，更为有趣的是间接效应，它蕴含着核心解释变量互联网发展水平的空间溢出效应。可以看到，除了经济距离矩阵模型外，其他三个模型间接效应系数都是正向显著的。该结果表明，本地区户均移动电话拥有量越多，邻近地区农户客观福祉越高。互联网发展水平产生空间溢出的可能途径有三个：其一，网络效应。与有形的物质基础设施不同，互联网具有更加显著的公共物品属性，[①] 这里，其独有的网络效应意味着越多人接入互联网，该工具就越有效率。本章中，本地区互联网使用人数的增加之所以产生空间外溢效应，正是由于这种网络效应发挥了作用。随着用户规模的提升，所有使用者都将从网络规模的扩大中获得好处，包括更多的信息和更好的服务体验等。举例来说，当本地区更多农户接入互联网时，某些关于生活信息的 App 使用人数便会增多，此时该 App 的生产者将会有更大的激励完善该 App 的各项功能，显然，这有利于提升邻近地区农户的生活便利程度，从而提升客观福祉。其二，示范效应。该效应通过地区竞争发挥作用。"为增长而竞争"（张军等，2008）的格局带来了一系列经济效果：竞争促使地方政府提供良好的政策环境以吸纳生产要素，包括提供产权保护，完善基础设施，帮助市场

---

　　① 所谓的公共品是指那些具有非排他性和非竞争性的产品。相比之下，高速公路等公共品更倾向于是一种准公共品，特别是节假日的高速公路，非竞争性条件较难满足。互联网则不一样，就当下中国互联网的发展速度来看，非排他性特征和非竞争性特征较为明显。

进入等（钱颖一，2003）。某一地区更多农户接入互联网意味着政府建立公共网络信息平台的平均成本被拉低了，这将激励地方政府提供更多高效的互联网服务。此外，更多农户使用互联网还意味着该群体可以发出更多的政策需求信息，这可以缓解政府与农民群体之间的信息不对称问题，从而帮助制定出在约束条件下更加可行的政策。值得注意的是，某地区一项好政策的出台将发挥示范作用，它通过地区竞争产生外溢效应。好的政策将被周边地区觉察到，在"为增长而竞争"的约束下，周边地区也将"效仿"那些好政策，以营造对自身更有利的竞争环境。这样一来，邻近地区农村居民的客观福祉自然就提升了。其三，信息效应。该效应通过供需两个方面产生空间外溢效应。需求方面，本地区的更多农户接入网络意味着基于互联网平台的市场规模扩大了，对邻近地区的农户而言，更大的客户群体有利于其产品的销售，从而通过提升收入来增加福祉。同时，更多人使用互联网还有利于传递信息，促进地区间的合作，进而通过改善生产效率来提升客观福祉。在供给方面，互联网可以较低的成本提供就业特别是非农就业信息，本地更多农户接入互联网意味着更多农村劳动力能够享有劳动力市场相关信息，此时，劳动力市场的扭曲程度将因信息的有效传递而快速下降，劳动力市场的效率改善将传递到产品市场，在当下物流体系高度发达的背景下，低价高质的产品增加了邻近地区农户的消费者剩余，从而提高其客观福祉。

表6－10　　　　　　　　空间杜宾模型的直接效应与间接效应

效应	核心解释变量	(1) 地理邻近矩阵	(2) 逆地理矩阵	(3) 经济距离矩阵	(4) 经济地理嵌套矩阵
直接效应	户均移动电话拥有量	0.023 *** (0.007)	0.024 *** (0.007)	0.028 *** (0.009)	0.024 *** (0.007)
间接效应	户均移动电话拥有量	0.033 * (0.017)	0.032 ** (0.016)	0.006 (0.018)	0.116 ** (0.052)
总效应	户均移动电话拥有量	0.056 *** (0.019)	0.056 * (0.029)	0.034 * (0.020)	0.141 * (0.074)

续表

效应	核心解释变量	（1） 地理邻近矩阵	（2） 逆地理矩阵	（3） 经济距离矩阵	（4） 经济地理嵌套矩阵
控制变量		是	是	是	是
Log-lik		1001. 321	998. 058	939. 398	1012. 077
rho		0. 333 *** （0. 050）	0. 424 *** （0. 079）	− 0. 033 （0. 096）	0. 314 ** （0. 152）
样本数		360	360	360	360
R^2		0. 291	0. 818	0. 521	0. 606

注：$*p < 0.10$，$**p < 0.05$，$***p < 0.01$；括号内为稳健标准误。

6.4　互联网技术应用对农村居民客观福祉的非线性效应

6.4.1　面板门槛模型设定

与传统媒介不同，互联网具有"边际效应"递增的非线性特征，即参与人数越多，所能获得的好处就越多。该效应被总结为梅特卡夫原则（Metcalfe's law）：网络的价值与用户数的平方成正比，即互联网的效益随着接入用户的增加呈指数增长趋势（乌家培，2001）。在本书的研究中，当更多用户在使用互联网时，边际上新加入的代表性农户可能获得的客观福祉也就越大。为解决互联网规模可能导致的非线性问题，本章使用的门槛面板回归模型（Hansen，1999）计量模型如下：

$$Wellbeing_{i,t} = \beta_0 + \beta_1 Cellphone_{i,t} \Phi(Coverage \leq e) + \beta_2 Cellphone_{i,t} \Phi(Coverage > e)$$
$$+ \beta_3 Control_{i,t} + v_{i,t} \tag{6-13}$$

与前面保持一致，$Wellbeing$ 表示农村居民客观福祉，核心解释变量 $Cellphone$ 为户均移动电话拥有量。模型中的 $Coverage$ 为门槛变量，用各省的互联网普及率衡量。普及率越高，自然就意味着在该地区使用互联网的人数越多，其互联网的价值也就越大。模型中，e 表示待估计的门槛值，Φ 是指示性函数，在指定区间内为 1，否则为 0。$Control$ 是控制变量，具体有城镇化水平、金融发展水平等。根据数据特征估计出具体门槛值，并同时检验门槛数量及显著性（唐飞鹏，2017）。对门槛效应的显著性而言，模型检验的原假设（H_0）：$\beta_1 = \beta_2$；备择假设（H_1）为：$\beta_1 \neq \beta_2$，基于 LM 统计量构造 F 统计量：

$$F_1 = \frac{S_0 - S_1(\gamma)}{\hat{\sigma}^2} \qquad (6-14)$$

6.4.2 基准回归结果

使用 Bootstrap 自抽样法，反复抽样 400 次得到面板门槛模型估计结果（见表 6-11）。这里，除报告全国样本的回归结果，还分别报告了东部、中部、西部地区子样本回归结果。[①] 就全国而言，互联网普及率的门槛均值为 0.614，对应的 95% 水平置信区间是（0.602，0.620），单一门槛特征检验对应的 F 值为 35.91，大于 10% 的临界值。对东部、中部、西部地区而言，单一门槛特征检验对应的 F 值也均大于 10% 的临界值，表明三个地区存在单一门槛。此外，东部的门槛值为 0.620，高于中部的 0.537 和西部的 0.542，故相较于中西部地区，东部地区互联网发展有更高的门槛要求。

表 6-11 分地区面板门槛模型回归结果

变量	（1）全国样本	（2）东部地区	（3）中部地区	（4）西部地区
户均移动电话拥有量（$c < c^*$）	0.014 * (0.008)	0.014 (0.014)	0.006 (0.076)	0.037 ** (0.015)

[①] 与前面一样，鉴于东北部地区，样本太少，估计效力不足，故没有报告该地区的估计结果。

续表

变量	（1） 全国样本	（2） 东部地区	（3） 中部地区	（4） 西部地区
户均移动电话拥有量 （$c > c^*$）	0.030 *** （0.009）	0.028 * （0.016）	0.034 ** （0.015）	0.047 *** （0.014）
城镇化水平	0.616 *** （0.101）	0.263 （0.225）	0.274 （0.265）	0.544 ** （0.260）
金融发展水平	0.002 * （0.001）	0.007 （0.007）	0.015 （0.010）	0.001 （0.002）
贸易开放水平	−0.022 （0.015）	−0.003 （0.023）	−0.224 ** （0.092）	−0.020 （0.027）
市场化水平	0.012 （0.020）	0.037 （0.049）	0.059 （0.048）	0.121 *** （0.037）
政府干预	−0.000 （0.001）	−0.004 ** （0.002）	−0.004 ** （0.002）	−0.002 ** （0.001）
产业升级	0.003 （0.004）	0.004 （0.006）	0.009 （0.010）	0.034 *** （0.011）
经济发展水平	0.165 *** （0.018）	0.202 *** （0.046）	0.312 *** （0.043）	0.115 *** （0.043）
人口密度	0.111 ** （0.046）	0.031 （0.072）	0.144 （0.183）	0.015 （0.098）
信息产业政策	0.001 （0.003）	0.003 （0.007）	0.000 （0.005）	0.001 （0.005）
门槛值	0.614	0.620	0.537	0.542
N	360	120	72	132
Within-R^2	0.952	0.949	0.986	0.966

注：$*p < 0.10$，$**p < 0.05$，$***p < 0.01$；括号内为稳健标准误。

对全国样本的估计结果如表6-11中的第（1）列所示。可以看到，单一门槛模型下农户户均移动电话拥有量在各区间的估计系数为正且显著。该结果表明农户互联网使用确实和农村居民客观福祉存在显著的非线性关联。互联网的外部效应通过现有的网络规模（用互联网普及率衡量）发挥作用。具体到本章的研究中，当互联网普及率低于0.614时，农户移动电话拥有量的估计系数为 0.014，且在 10% 的水平上显著。当互联网高于 0.614 的门槛值时，核心解释变量的估计系数变为 0.030，几乎是上一个门槛区间估计系数的 3 倍。对比两个结果不难发现，梅特卡夫原则确实发挥了作用，当农户在一个高互联网普及率的地区接入网络时，将对其客观福祉带来更大的正向影响。对全样本而言，互联网的"边际效应"递增的非线性特征得到了验证。分地区而言，东部、中部、西部地区也同样表现出非线性关联特征，不过在细节方面存在差异：对东部地区而言，当互联网参与规模小于门槛值 0.62 时，农户移动电话拥有量的估计系数仍为正，不过并不显著，表明此时农户加入互联网并不必然带来客观福祉的增加。当互联网参与规模大于 0.62 时，农户加入互联网才会对客观福祉带来显著的正面效应。中部地区的情况和东部类似，当互联网参与规模低于 0.537 的门槛值时，农户移动电话拥有量的估计系数并不显著，只有当互联网参与规模高于 0.537 时，核心解释变量的估计系数才显著为正。东部地区和中部地区的回归结果表明，对这两个地区而言，要想通过增加农户接入互联网数量提升农村居民客观福祉，一个重要的前提条件在于提升地区互联网的总体参与规模，进而更有效地发挥互联网的正向外溢效应。最后，西部地区的面板门槛回归结果与前两个地区呈现出较大差异。在表 6 - 11 的第（4）列中，西部地区的门槛值为 0.542，但无论是低于还是高于该门槛值，农户接入互联网数量的增加都能提升农村居民客观福祉。相对落后的经济发展水平可能是致使这一结果出现的原因。对西部地区的农户而言，接入互联网能够更加有效地获取各种信息，并通过网络的泛空间特征扩展其产品和劳动力市场，从而增加客观福祉。然而，需要提醒的是，互联网使用规模这一门槛条件在西部地区同样发挥作用。注意到当互联网参与规模低于门槛值时，核心解释变量估计系数为 0.037，当越过该门槛值时，估计系数上升为 0.047。这一结论再次重申了互联网规模的重要性，哪怕是对西部地区而言，当本地区有更高的互联网普及率时，农户移动电话拥有量将更能提升其客观福祉。最后，在控制变量方面，其估计结果也都基本与表6-2的基准回归一致，这再次证明估计结果的稳健性。

6.4.3　进一步讨论

（1）其他门槛变量

上面使用互联网普及率作为门槛变量估计了农村互联网发展水平对农村居民客观福祉的影响。然而，除了用互联网普及率衡量的互联网参与规模外，其他变量也可能存在调节影响。参照韩先峰（2019）的工作，选取农村人力资本、金融发展水平和产业升级三个变量作为新的调节变量。在单一门槛存在性检验中，三个新的门槛变量均通过了10%显著性检验，具体结果如表6-12所示。第（1）列、第（2）列和第（3）列分别报告了以农村人力资本、金融发展水平和产业升级作为门槛变量的估计结果。首先，农村人力资本的门槛变量为8.1年，表明当某一地区的农村平均人力资本低于8.1年时，户均移动电话拥有量并不能显著提升农村居民客观福祉。而当农民人力资本跨越8.1年这一门槛时，户均移动电话拥有量的估计系数在10%水平上显著。该结果意味着，若想通过接入互联网提升农村居民福祉，一定的人力资本水平将是重要的前提条件。这一结论符合我们的直觉，只有当农村居民拥有一定的文化水平时，才能更加有效地利用互联网的相关信息以能提升客观福祉。其次，金融发展水平的门槛值为1.873。与农村人力资本门槛变量类似，当地区金融发展水平低于该门槛值时，户均移动电话拥有量并不会对客观福祉产生显著影响，而当金融发展水平越过该门槛值时，互联网对客观福祉的促进作用才开始显现出来。针对该情况，一个可能的解释是，金融发展水平低的地区，此地区农户接入互联网也较难获得有效信息以及相关的经济机会。进一步地，受资金约束限制，即使发现相关的经济机会，农户也较难通过融资渠道获取相应资金以把握经济机会，进而提升其客观福祉。最后，产业升级变量门槛值为0.34，当产业升级低于该门槛值时，户均移动电话拥有量的估计系数在1%的水平上显著为正，反而超过该门槛值时，核心解释变量的估计系数不再显著。产业链向中高端升级得越快，意味着与传统行业的决裂速度也越快。然而，对农户而言，更多的是与传统农业和低端制造业相联系，产业升级的好处无法通过新劳动力市场的扩展被其获得。特别地，当这些新产业的产品无法通过低廉的价格被农户分享时，其客观福祉的提升自然有限。

表6－12 其他门槛变量的估计结果

变量	(1) 农村人力资本	(2) 金融发展水平	(3) 产业升级
户均移动电话拥有量（$e < e^*$）	0.005 (0.008)	0.001 (0.008)	0.030 *** (0.009)
户均移动电话拥有量（$e > e^*$）	0.014 * (0.008)	0.014 * (0.009)	0.007 (0.008)
控制变量	是	是	是
门槛值	8.1	1.873	0.340
N	360	360	360
Within-R^2	0.950	0.954	0.848

注：$* p < 0.10$，$*** p < 0.01$；括号内为稳健标准误。

(2) 子维度客观福祉

本章所定义的农民客观福祉指数由可持续功能指数、基础功能指数和发展功能指数三个部分构成。接下来从这三个维度考察农村互联网接入的门槛效应，具体的回归结果如表6－13所示。首先，在可持续功能指数方面，其门槛值为0.597，在低于和高于该门槛值的两个区间范围内，核心解释变量的估计系数都为负，这和我们前面的估计一致，更高的户均移动电话拥有量降低了农村居民的可持续功能。不过，区别于前面所描述的是，若互联网普及率超过一定规模，该负面影响便不再显著。这里，更多人参与的互联网或许承载了更多信息，特别是关于环境保护的相关信息，这抑制了环境破坏行为；基础功能指数方面，门槛值为 0.622，且只有当互联网普及率高于该门槛值，户均移动电话拥有量才对客观福祉指数产生正面影响。从基础功能的定义可知，它包含收入、教育和健康三个方面的内容。这里的估计结果表明，更多人参与的互联网可以帮助农户提升基础功能福祉。互联网的规模越大，意味着农产品的市场范围越大，同时非农就业机会也越大，这可以增加农户收入。另外，更多人加入的互联网还可以扩展其信息功能，通过增加社会支持和非社会支持的方式提升农民健康状况。最后，更高的互联网普及率提升了农户的接入效率。得益于互联网基础设施独有的边际成本递减特性，其平均成本也随之递减。规模经济在这里发挥了作用，更多的用户可以拉低互联网的接入价格，从而可以帮助农户获取更多的信息资本，并借此提升人力资本；发展功能指数方面，门槛值为 0.34，比可持续功能指数和基础功能指数的门槛值低了很多。另外，与前两个指数不同的是，在以该单一门槛值划分的两个区间内，核心解释变量的估计系数都为正且在 1% 的水平上显著。该结果提醒我们，对于农户的发展功能而言（包括生活水平、生活便利以及社会保障等内容），无论农户所在地区的互联网普及率如何，只要其户均移动电话拥有量增加，就能改善其发展功能，也就是能提升生活水平、提高生活便利程度以及获取更高水平的社会保障。对于那些互联网普及率更高的地区，农户的互联网接入深度更有利于提升发展功能（回归系数为 0.64），不过两类地区的差别并不太大。

表 6-13　　　　　　　面板门槛模型回归结果：三个子维度福祉

变量	(1) 可持续功能指数	(2) 基础功能指数	(3) 发展功能指数
户均移动电话拥有量（$e < e^*$）	-0.033 ** (0.018)	0.005 (0.008)	0.057 *** (0.012)
户均移动电话拥有量（$e > e^*$）	-0.015 (0.016)	0.025 *** (0.009)	0.064 *** (0.011)

续表

变量	(1) 可持续功能指数	(2) 基础功能指数	(3) 发展功能指数
控制变量	是	是	是
门槛值	0.597	0.622	0.340
N	360	360	360
Within-R^2	0.858	0.958	0.848

注：$**p<0.05$，$***p<0.01$；括号内为稳健标准误。

6.5 本章小结

本章运用空间面板模型和门槛模型分析了互联网发展对农村居民客观福祉的影响。基准回归结果表明，户均移动电话拥有量每增加 1 部，地区农户客观福祉指数将提升 0.033。在客观福祉的子维度方面，农村互联网发展对客观福祉的基础功能指数和发展功能指数均具有显著的正向影响，而对可持续功能指数的估计系数为负，该结果表明互联网发展对环境存在负面效应。这可能在于互联网在提升生产效率的同时，也可能对生态环境造成压力，如互联网导致制造业效率提升，可能会带来土地价值的提升，更多的绿化面积可能转变为生产用地，从而带来生态压力。分地区的子样本回归结果表明，农村互联网发展对西部地区农村居民客观福祉的影响最大，中部次之，东部最小。对农村居民的空间分布特征和空间相关性进行检验发现，农村居民客观福祉高值区主要分布在东部沿海地区；中部、西部地区及东北部地区的省份则聚集在中福祉区，而低福祉地区则主要由西部地区省份构成。农村居民客观福祉水平具有明显的空间自相关性，空间集群特征显著。因此分析农村居民客观福祉相关问题，在模型中加入空间效应十分有必要。随后的空间面板模型表明，互联网发展对邻近地区的农村居民客观福祉水平有显著的溢出作用，其可能的影响渠道在于网络效应、示范效应以及信息效应。在调整估计模型和重新设定空间权重矩阵后，该结论依然稳健。最后，使用面板门槛模型考察了互联网的非线性效应。估计结果表明，当互联网普及率越过门槛值时，互联网对农村居民客观福祉有着更大的提升作用。加入其他门槛值后发现，农村人力资本水平和金融发展水平均存在门槛效应，也即是说当某地具有更高的人力资本和金融发展水平时，互联网将成为提升农村居民客观福祉的重要工具。

第7章

互联网技术应用对农村居民主观福祉影响的实证研究

本章利用 CFPS 微观调查数据，结合 orderde probit 模型，考察互联网使用对农村居民主观福祉的边际影响及其作用机制。本章从性别、年龄、教育水平、收入水平以及家庭规模等多个角度展开异质性分析，以明确不同个体特征在使用互联网时对其主观福祉产生的不同影响。影响机制方面，结合第 3 章的理论分析，从认知和情感两个维度进行讨论，从而帮助明确互联网使用是如何改变个体的主观福祉感受的。为缓解模型的内生性问题，使用 CMP 方法重新估计计量模型，以实现因果推断。

7.1 ▶ 研究假说

在本书主观福祉被界定为一种心理状态，它是人们根据某种内在标准对生活质量的整体性评价。正如前面所界定的那样，主观福祉被分解为认知和情感两个维度。这里，认知维度决定了判断生活质量的内在标准，它不仅包含自己对当下生活的满意程度，甚至还包含别人对我生活的满意程度。显然，个体的认知水平会随着新知识的加入而不断改变，这意味着评判生活质量的内在标准有了变化，基于认知的福祉水平自然也随之变化。主观福祉的另一个维度是情感，它又包含着积极情感和消极情感两个方面的内容。在本章中，将探寻互联网发展对主观福祉的影响。根据第 4 章的分析，一方面，互联网所包含的技术效应可以改变农户的认知水平：公共网络平台提供了更多的信息，远程教育和医疗增加了人力资本，基于互联网的数字经济提供了更多的非农就业机会。上述路径重新塑造了农户的认知结构，进而对居民福祉产生正向影响。另一方面，互联网的信息效应对农村居民情感产生正向影响。互联网的普及降低信息搜寻成本和不对称信息，从而扩展了农户筛选信息的能力，这将带来积极的情绪影响。不过，大量信息的输入也可能对农户带来负面情绪。当互联网普及率达到一定水平后，个人很容易用虚拟空间替代现实情景中更有意义的活动，特别是当个体自控能力较差时，网络成瘾的概率将会增加，这对心理健康产生负面影响，甚至诱发抑郁情绪。综上所述，提出三个可供检验的假设。

假设 7.1：互联网使用可以促进农村居民主观福祉的提升；

假设 7.2：互联网使用可以有效改变农户认知水平，进而对其主观福祉产生正面影响；

假设 7.3：互联网的信息效应可能对农户带来积极情绪体验，也可能对其带来消极情绪体验，故其对农户主观福祉的作用方向取决于两种情绪的相对大小。

7.2 ▶ 变量选取与数据来源

7.2.1 数据来源

本章使用数据来自中国家庭追踪调查。目前可获得 2010 年、2012 年、2014 年、2016 年和 2018 年总共 6 期数据。在本章中，关注的重点是互联网使用对农村居民主观福祉的影响，不过 2012 年的调查数据并没有提供互联网使用的相关变量，故放弃使用该年的调查数据。另外，虽然其余四次调查都同时提供了互联网使用与农村居民幸福感相关变量，但第一次调查（2010 年）中幸福感变量使用五分法测度，最后三次调查中则改用了十分序列法①，为统一起见，选择了 2014 年、2016 年和 2018 年的 3 期调查数据。最后，本章关注的重点是农村居民，故通过 CFPS 中的户籍变量筛选出具有农业户口的样本。

7.2.2 变量选取

（1）被解释变量

本章的被解释变量是农村居民的主观福祉，用幸福感②衡量。在实践中，该变量并不容易被准确捕捉，其主要原因在于幸福感来自多个维度的

---

① 2010 年问卷中，M302 的问题为"你觉得自己有多幸福"，选项为 1 至 5，其中 1 表示非常不幸。在 2014 年、2016 年和 2018 年的三次调查中，"您觉得自己有多幸福"的选项变为 0 至 10，0 代表最低，10 代表最高。

② 在主观福祉理论中，幸福感是比主观福利（subjective well being，SWB）更狭窄的概念，同时它也与生活满意度不同。生活满意度反映了个体的感觉与期望之间的距离（Campell et al.，1976），而幸福则是正面影响和负面影响之间平衡的结果（Bradburn，1969）。

综合评价，更严重的是，这些不同维度还经常互相矛盾。另外，幸福感并非一个定值①，它会随情绪、情景、事件和时间而变。基于此，有学者采用跟踪测量的方式，让实验对象每一段时间报告一次幸福程度，最后再对其进行综合整理（Kahneman et al.，2006；Collins et al.，2009）。不过这种测量方法成本太高，使用范围并不广。作为替代，大多数研究还是倾向在调查问卷中设置问题来直接获取幸福感数据（Diener，2000；Tella et al.，2003）。虽然做了相当的简化，但此类测量方法依然被认为是"稳定且有效的"（Wilson，1967；Easterlin，2003；Kahneman et al.，2006）。本章对农村居民主观幸福感的测量，来自成人卷的问题"你觉得自己有多幸福?"，0 表示非常不幸福，按数字依次递增。

(2) 解释变量

本书的核心解释变量是互联网使用情况，用是否上网互联网②衡量。该变量用二值变量表示，1 代表上网，0 代表不上网。在全样本中，上网的比例为 19.3%。具体到我们所关注的农村居民样本，上网比例下降至 13.1%，比全样本少了近 6 个百分点③。

(3) 控制变量

参考已有的文献，控制变量包括年龄及年龄平方、性别、婚姻状态、政治身份、学历、健康状况、宗教信仰、民族、家庭人均收入、家庭人口

---

① 许多心理学家推崇定值理论（Costa et al.，1987；Myers，1992；Cummins et al.，2003）：由于遗传因素和个性的天然差异，每个人所感知的幸福也是不同的。当一个人遇到外生事件的正向或负向冲击时，幸福感可能会偏离初始的定值，但人们积极的适应性会使幸福感重回过去的定值，因此外部环境的变化对幸福感没有太大作用。不过一系列量化研究却表明，人的适应能力并不总是这么强大，一些外生冲击（如健康、婚姻等）会对幸福感造成持久影响。对定值理论的批评可以参见卢卡斯等（Lucas et al.，2003）。

② 这里，所谓的上网是指通过电话线、局域网、无线网等接入互联网的行为。

③ 若将农村居民上网率和城市对比，差距更加明显。在我们的样本中，城市居民上网人数占城市人口总量的35%，接近农村的3倍。

数以及相对收入。所有变量的统计描述见表 7 - 1。

表 7 - 1　　　　　　　　　　　　**变量描述性统计**

变量名	变量定义	均值	标准差	最小值	最大值
居民幸福感	0 至 10；0 = 最不幸福，10 = 最幸福	7.396	2.277	0	10
是否使用互联网	1 = 使用互联网，0 = 不使用互联网	0.134	0.341	0	1
年龄	单位：岁	49.411	14.809	16	98
性别	1 = 男，0 = 女	0.494	0.500	0	1
婚姻状态	1 = 在婚，0 = 其他	0.863	0.344	0	1
政治身份	1 = 中共党员，0 = 其他	0.058	0.235	0	1
最高学历	单位：年[①]	5.723	4.560	0	19
健康状况	1 = 非常健康，2 = 很健康，3 = 比较健康，4 = 一般，5 = 不健康	3.099	1.272	1	5
宗教信仰	1 = 有宗教信仰，0 = 无宗教信仰	0.024	0.154	0	1
民族	1 = 汉族，0 = 其他	0.903	0.295	0	1
家庭人均收入	单位：万元	1.614	5.363	0	566
家庭人口规模	单位：人	4.423	2.038	1	21
相对收入[②]	1 至 5，1 表示很低，5 表示很高	2.634	1.081	1	5

注：① 没受过教育（文盲/半文盲）是 0 年，小学为 6 年，初中 9 年，普通高中/中专/技校/职高记为 12 年，大专记为 15 年，大学本科记为 16 年，研究生及以上记为 16 年。

② 相对收入来自问题"您的收入在本地属于？"，其中 1 代表很低，5 代表很高。

7.3 ▶ 计量模型

本章的计量模型设定如下：

$$Happiness_{ijt} = \beta_1 Internet_{ijt} + \gamma X_{ijt} + \eta_i + \rho_t + \varepsilon_{ijt} \qquad (7-1)$$

其中，$Happiness_{ijt}$ 表示居住在 i 省的第 j 个人在 t 年的幸福感，$Internet_{ijt}$ 表示个人是否在 t 年使用互联网。X_{ijt} 是个人和家庭层面的控制变量，η_i 和 ρ_t 分别代表省份固定效应和时间固定效应。ε_{ijt} 是扰动项。估计结果均使用县级聚类标准误。前面已经说明，被解释变量幸福感使用 0 至 10 的打分制，分数越高，幸福感越强。这里使用有序概率模型（ordered probit）估计式（7-1）。式（7-1）中的被解释变量有：

$$
Happiness_{ij} = \begin{cases}
0 & if & y_{ij}^* \le r_0 \\
1 & if & r_0 < y_{ij}^* \le r_1 \\
2 & if & r_1 < y_{ij}^* \le r_2 \\
3 & if & r_2 < y_{ij}^* \le r_3 \\
& \cdots\cdots & \\
10 & if & r_{10} < y_{ij}^*
\end{cases}
$$

其中，$r_0 < r_1 < \cdots < r_{10}$ 是待估参数，被称为门槛值（threshold value）。当扰动项符合正态分布，即有 $\varepsilon \sim N(0,1)$。则，

$$
P(y = 0 \mid x) = P(y^* \le r_0 \mid x) = P(x'\beta + \varepsilon \le r_0 \mid x)
$$

$$
= P(\varepsilon \le r_0 - x'\beta \mid x) = \Phi(r_0 - x'\beta)
$$

$$
P(y = 1 \mid x) = P(r_0 < y^* \le r_1 \mid x)
$$

$$
= P(y^* \le r_1 \mid x) - P(y^* < r_0 \mid x)
$$

$$
= P(x'\beta + \varepsilon \le r_1 \mid x) - \Phi(r_0 - x'\beta)
$$

$$
= P(\varepsilon \le r_1 - x'\beta \mid x) - \Phi(r_0 - x'\beta)
$$

$$
= \Phi(r_1 - x'\beta) - \Phi(r_0 - x'\beta)
$$

$$
P(y = 2 \mid x) = \Phi(r_2 - x'\beta) - \Phi(r_1 - x'\beta)
$$

$$
\cdots\cdots
$$

$$
P(y = J \mid x) = 1 - \Phi(r_{J-1} - x'\beta)
$$

7.4 ▶ 实证结果

7.4.1 基准回归结果

鉴于数据性质，本部分主要使用 ordered probit 模型估计是否使用互联网对农村居民幸福感的影响。稳健起见，在基准回归中，同时报告了 OLS 的回归结果。表 7-2 中，第（1）列没有控制任何变量，第（2）列~第（3）列分别控制了省份固定效应与时间固定效应，第（4）列进一步增加了个人和家庭相关的控制变量。可以看到，第（1）列~第（4）列的估计结果比较稳健，4 个模型均表明使用互联网和农村居民幸福感存在显著的正相关关系。第（5）列是 OLS 的估计结果，与之前模型保持一致的是，核心解释变量的估计系数同样在 1% 的显著水平上显著为正。

表 7-2　　　　　　　　　　　　　基准回归结果

变量	（1）	（2）	（3）	（4）	（5）
	ordered probit				OLS
上网	0.122 ***	0.109 ***	0.111 ***	0.064 ***	0.142 ***
	(0.019)	(0.019)	(0.019)	(0.022)	(0.046)
性别				-0.108 ***	-0.212 ***
				(0.013)	(0.028)
年龄				-0.033 ***	-0.070 ***
				(0.004)	(0.007)
年龄平方项				0.000 ***	0.001 ***
				(0.000)	(0.000)
中共党员				0.098 ***	0.232 ***
				(0.023)	(0.047)
健康水平				-0.157 ***	-0.318 ***
				(0.007)	(0.011)

续表

变量	(1)	(2)	(3)	(4)	(5)
	ordered probit				OLS
在婚				0.272 *** (0.027)	0.599 *** (0.059)
受教育年限				0.002 (0.002)	0.012 *** (0.005)
民族				− 0.046 (0.057)	− 0.103 (0.117)
宗教信仰				0.099 * (0.055)	0.186 * (0.108)
家庭人均收入				0.062 *** (0.007)	0.140 *** (0.014)
家庭人口规模				0.022 *** (0.005)	0.047 *** (0.010)
相对收入				0.158 *** (0.008)	0.319 *** (0.015)
省份固定效应	否	是	是	是	是
时间固定效应	否	否	是	是	是
样本数	28678	28678	28678	27875	27875

注：＊p＜0.10，＊＊＊p＜0.01；括号中使用的是县级层面聚类标准误。

控制变量方面，婚姻对农村居民幸福感影响最大，在婚状态的个体比非在婚状态的个体幸福感要高 0.666 个百分点（OLS 估计结果）。[1] 影响力度处于第二位的是健康水平，当健康状况越差，其幸福感也越低。[2] 其他变量中，女性拥有更高的幸福水平。中共党员身份均有更高的幸福感。年龄变量加入了二次项，估计结果表明年龄与幸福感呈 "U" 形关系[3]。宗

---

[1]　关于婚姻对幸福感的更详尽的研究可以参见布兰奇弗洛尔等（Blanchflower et al.，2004）的研究，这些研究表明当婚姻状况改变时，人们不能完全适应。婚姻的形成对人们所感知的幸福存在长久的正面影响，而婚姻破裂则会形成持久的负面影响。

[2]　与婚姻状况类似，健康状况的不利变化也会对幸福感产生长期负面影响（Michalos et al.，2000）。

[3]　该结论与已有研究结论一致（Stone et al.，2010；Hawkes，2012）。

教信仰的估计系数虽然为正，但仅在10%的水平上显著。是否少数民族并不会对幸福感产生显著影响。教育水平变量中，order probit 与 OLS 估计结果并不一致，表明教育与幸福感的关系在本章的研究中并不稳健。收入变量与幸福感的关系符合我们的预期，收入越高，幸福感越强。比较有意思的是，相对收入的增加能够更大程度地提升农村居民幸福感。与城市相比，农村仍可看作"熟人社会"，在这一背景下，较高的相对收入比绝对收入更能提升幸福感①。最后家庭人口规模越大，个人幸福感越强。

对于 ordered probit 模型而言，不能根据该系数直接解释互联网使用对农村居民幸福感的影响。为此，根据表 7-2 第（4）列的结果计算出互联网使用对不同幸福程度的边际影响。图 7-1 展示了不同边际效应的估计结果。以幸福感取值 0 为例，上网的农村居民相比于不上网农村居民，认为自己最不幸福的比例下降了 0.14 个百分点，随着幸福感取值的逐渐增加，边际效应由负变正，当幸福感取值 8 时，上网农村居民认为自己"幸福"的比例上升了 0.14 个百分点。最后，上网使农村居民感受到"最幸福（取值为 10）"的比例上升了约 1.7 个百分点②。

---

① 周广肃等（2017）使用 2010 年 CFPS 数据估计了人均家庭收入与县级相对收入对幸福感的影响。与本章不同的是，他们的样本同时包含了农村居民和城市居民。其回归结果表明，家庭人均收入（估计系数 0.039）对幸福感的影响远大于县级相对收入（估计系数 0.009）。可能的原因是，当考虑城市样本后，相对收入在一个陌生人社会不再具有农村社会的重要性。

② 在相近的研究中，鲁元平等（2018）发现上网非常对称地对幸福感产生影响，即显著降低了居民感受到"非常不幸福"和"不幸福"的概率，而增加了感受"幸福"和"非常幸福"的概率。在本章的研究中，并未发现这种对称的结果。当幸福感取值大于 5 时，边际效应仍为负。一直到幸福感取值为 8 时，边际效应才变成正值。之所以出现这一情况，可能与问题设置有关。在 2010 年的 CFPS 问卷中，明确用文字描述了"你是否幸福"的答案，即"非常不幸福""不幸福""一般""幸福""非常幸福"。而在本章使用的 2014 年、2016 年和 2018 年的问卷中，该问题要求被访问者给出分数（0 至 10），问卷仅提示 0 代表非常不幸福，10 代表非常幸福。在这种情况下，被访者并不一定认为所给数字高于 5 便是幸福，若他认为其他人的平均幸福感是 8，那么他自己选择 6 也有可能表示不那么幸福。通过打分给出幸福感评价从某种程度上模糊了幸福的定义，故我们没有观察到图 5.1 中，幸福感取值一旦超过 5 边际效应系数便立刻转换成正值。在本章的估计结果中，边际效应符号的变化当幸福感取值为 8 时才出现，这在一个侧面提醒我们，当给幸福感打分时，或许只有当分数超过 8 时才意味着被访者自认为比较幸福。

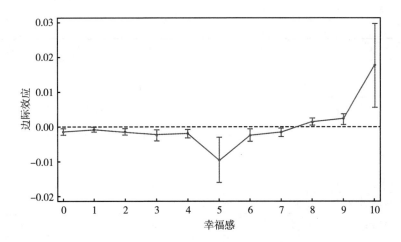

图 7 - 1　互联网使用对农村居民幸福感影响的边际效应

7.4.2　互联网使用场景与农村居民主观福祉

为进一步分析在不同使用场景下互联网对农村居民幸福感的影响，本章将互联网用途分为五种类型，分别是学习、工作、社交、娱乐、商业活动。在 CFPS 问卷中，被访问者分别对上述五种用途的重要性进行评价，答案取值为 1 至 5，1 表示"非常不重要"，5 表示"非常重要"。表 7 - 3 报告了估计结果，可以看到，当农村居民对互联网的各项功能评价越高时，其幸福感也越强。当然，从另一个层面讲，对某一项用途评价越高本身也意味着更依赖该功能，也就更容易通过该途径增加幸福感。

表 7 - 3　　　　　互联网各用途重要性评价与农村居民幸福感

变量	(1)	(2)	(3)	(4)	(5)
学习	0.092 *** (0.014)				
工作		0.094 *** (0.018)			

续表

变量	(1)	(2)	(3)	(4)	(5)
社交			0.073 ** (0.014)		
娱乐				0.047 ** (0.011)	
商业活动					0.041 ** (0.014)
省份固定效应	是	是	是	是	是
时间固定效应	是	是	是	是	是
控制变量	控制	控制	控制	控制	控制
样本数	3823	2812	6988	6871	4370

注：$** p < 0.05$，$*** p < 0.01$；括号中使用的是县级层面聚类标准误。

表7-4报告了互联网重要性评价对幸福感影响的边际效应。可以看到，对使用互联网学习和工作的重要性程度评价每增加一个单位，认为自己最幸福的概率提高2.5个百分点左右。相比之下，对娱乐和商业活动重要性评价所带来的幸福感增加小了几乎一半，其中娱乐活动带来的最幸福概率提高1.3个百分点，而商业活动对最幸福的概率提升1.1个百分点。相比之下，对学习和工作的重视最有利于提升农村居民幸福感，而娱乐和商业活动的作用则相对降低了。这一结论表明对于农村居民而言，互联网的学习和工作用途最为重要。

表7-4 **互联网各用途重要性评价对农村居民幸福感的边际效应**

变量	(1)	(2)	(3)	(4)	(5)
学习	0.025 *** (0.004)				
工作		0.026 *** (0.005)			
社交			0.020 *** (0.004)		
娱乐				0.013 *** (0.003)	

续表

变量	(1)	(2)	(3)	(4)	(5)
商业活动					0.011** (0.004)
省份固定效应	是	是	是	是	是
时间固定效应	是	是	是	是	是
控制变量	控制	控制	控制	控制	控制
样本数	3823	2812	6988	6871	4370

注：$**p<0.05$，$***p<0.01$；括号中使用的是县级层面聚类标准误；表中汇报的是选择幸福感=10 的边际效应。

如果说对互联网各项用途重要性评价属于主观态度范畴，那么使用互联网进行各项活动的频率更接近一种客观描述。在 CFPS 问卷中，询问了被调查者使用互联网进行各项活动的频率，答案为 1 至 7，其中 1 表示"几乎每天"，7 表示"从不使用"①。表 7 – 5 给出的估计结果显示，当使用互联网进行学习、工作和社交越频繁时，幸福感也会随之增加。然而，使用互联网进行娱乐和商业活动的频率并未显著影响农村居民幸福感。这在一定程度上契合了表 7 – 4 的结论，即互联网的娱乐和商业活动功能对农村居民幸福感的作用是最低的。

表 7 – 5　　　　互联网各用途频率与农村居民幸福感

变量	(1)	(2)	(3)	(4)	(5)
学习	– 0.005*** (0.002)				
工作		– 0.004** (0.002)			
社交			– 0.003* (0.002)		
娱乐				– 0.001 (0.002)	

① 更具体地，2 表示"一周 3 至 4 次"，3 表示"一周 1 至 2 次"，4 表示"一月 2 至 3 次"，5 表示"一月 1 次"，6 表示"几个月 1 次"。

续表

变量	(1)	(2)	(3)	(4)	(5)
商业活动					0.003
					(0.002)
省份固定效应	是	是	是	是	是
时间固定效应	是	是	是	是	是
控制变量	控制	控制	控制	控制	控制
样本数	7990	7264	7989	7991	7990

注: $*p<0.10$, $**p<0.05$, $***p<0.01$; 括号中使用的是县级层面聚类标准误; 表中汇报的是选择幸福感 = 10 的边际效应。

7.4.3 异质性分析

(1) 分性别与年龄

异质性分析中,首先考虑不同性别与年龄的组别中,互联网使用对农村居民幸福感的影响。表7-6报告了子样本的回归结果。第(1)列与第(2)列对应女性子样本和男性子样本,估计结果表明,使用互联网将明显提升女性的幸福感,但对男性的作用并不显著。在祝仲坤等(2018)的研究中,发现男性与女性通过使用互联网所获得的幸福感差异并不明显。但他们使用的数据既包含城市也包含农村,而本章则仅考虑了农村的情况。该结论意味着在农村地区,互联网的使用对女性幸福感的提升作用更加明显。表7-6的第(3)列~第(5)列是年龄子样本的估计结果。根据已有的文献,将青年定义为大于16岁,小于45岁;中年定义为大于45岁,小于65岁,老年则是大于65岁。在第(3)列~第(5)列汇报了不同年龄分组的估计结果。可以看到,上网对青年人和老年人的幸福感有显著的正向作用,从系数来看,相比于青年人,上网更能够改善农村老年人的幸福感。当下,大量农村劳动力转移到城市,留守老人问题日趋严重,互联网所提供的情感依赖或许是增加其幸福感的重要途径。有意思的是,中年组别中，上网并不能显著增加幸福感，这可能是该年龄段个体承受了较大的生活压力所致。

表 7 – 6　　　　　　　　　　　　分性别与年龄的估计结果

变量	（1） 女性	（2） 男性	（3） 青年	（4） 中年	（5） 老年
上网	0. 032 *** （0. 011）	0. 007 （0. 009）	0. 014 * （0. 009）	0. 002 （0. 011）	0. 129 * （0. 077）
省份固定效应	是	是	是	是	是
时间固定效应	是	是	是	是	是
控制变量	控制	控制	控制	控制	控制
样本数	14090	13785	7702	16074	4099

注：$*p<0.10$，$***p<0.01$；括号中使用的是县级层面聚类标准误；表中汇报的是选择幸福感 = 10 的边际效应。

（2）分教育水平

在表 7 – 7 中，将受教育程度分成小学及以下、中学和大专及以上三个组别。ordered probit 的估计结果显示，仅有低教育组别能够利用互联网提升幸福感，中等教育组别和高等教育组别使用互联网并不能显著改善幸福水平。马坦达（Matanda，2004）的研究表明，低教育水平人群即使接触互联网，也会产生不正确或不健康的利用方式，从而使得该组别人群无法通过互联网改善幸福感（周广肃等，2017）。不过，他们的研究使用的是 CFPS2010 年的调查数据，而本章使用的数据已经更新到 2018 年。在新的背景下，情况发生了变化，那些低教育水平组别的人群更善于利用互联网提升幸福感，对这类人而言，互联网提供了更多的资讯和娱乐方式，因而可以帮助改善其幸福程度。

表 7 – 7　　　　　　　　　　　不同受教育程度的估计结果

变量	（1） 小学及以下	（2） 中学	（3） 大专及以上
上网	0. 051 *** （0. 015）	0. 006 （0. 008）	0. 086 （0. 075）

续表

变量	(1) 小学及以下	(2) 中学	(3) 大专及以上
省份固定效应	是	是	是
时间固定效应	是	是	是
控制变量	控制	控制	控制
样本数	16392	10542	941

注： *** $p < 0.01$；括号中使用的是县级层面聚类标准误；表中汇报的是选择幸福感 = 10 的边际效应。

(3) 分收入水平与不同工作性质

表 7 – 8 报告了不同收入组别和不同工作性质组别的估计结果。本章选取家庭人均收入的中位数①作为划分标准，低于中位数进入低收入组别，高于中位数则进入高收入组别。工作性质方面，将样本区分为从事农业工作②和非农业工作。CFPS 的问卷直接询问了被访者该问题，本章根据其回答来划分子样本。表 7 – 8 中，第 (1) 列、第 (2) 列报告了不同收入水平的估计结果，可以看到，互联网能够显著改善低收入人群的幸福感。结合前面的结论，可以发现，互联网确实有利于改变低学历、低收入水平等"弱势人群"的福利效应。这里，可以使用森的可行能力集概念来解释这一现象。对于高学历、高收入水平的"优势群体"而言，改变其幸福感的选择有很多③，但对于"弱势群体"而言，低成本的互联网给其带来了更为丰富的选择可能集，因而有利于提升幸福感。第 (3) 列、第 (4) 列报告了不同工作性质子样本的估计结果。可以看到，当个体从事农业工作时，互联网可以显著改善其幸福感。该结论从一定程度上再次验证了第

---

① 家庭人均收入的中位数为 10000 元。
② 这里的农业是广义的农业，包括农林牧副渔等。
③ 一个简单的例子可以说明这一点，对于有钱人而言，娱乐的方式可以是出去旅游、听一场演唱会、看一场球赛等，但对于相对贫穷的人而言，互联网通过非常低廉的成本增加了其娱乐方式的可选集，同时，由于大多数互联网的娱乐内容对所有人都均等地开放，这也意味着穷人可以和富人一样享受互联网的优秀资源。互联网的技术变革加大了穷人的可选集，从而增加了其幸福感。

（1）列、第（2）列的结论。另外，从事农业工作通常也意味着较低的收入①，故第（4）列的结论更像是第（1）列结论的另一面而已。

表7-8　　　　　　　　不同收入和工作性质的估计结果

变量	（1）低收入	（2）高收入	（3）从事非农工作	（4）从事农业工作
上网	0.041 ***	0.007	0.008	0.024 ***
	(0.011)	(0.008)	(0.011)	(0.009)
省份固定效应	是	是	是	是
时间固定效应	是	是	是	是
控制变量	控制	控制	控制	控制
样本数	14178	13698	7773	20102

注：*** $p<0.01$；括号中使用的是县级层面聚类标准误；表中汇报的是选择幸福感=10的边际效应。

（4）分家庭规模与是否有人外出打工

表7-9报告了分家庭规模与是否外出打工子样本的估计结果。在家庭规模变量中，同样按照中位数进行分组（中位数为4人）。家庭是否有人外出打工来自CFPS的问题，我们根据被访者的回答进行分组。回归结果表明，身处大家庭的个体更容易通过互联网提升幸福感。我们再次怀疑该结论是否与收入相关。通过简单的计算发现，更大规模的家庭确实相对更加贫困。在回归样本中，小家庭的人均年收入为19485元，而大家庭的人均年收入为13657元，仅为前者的70%。另外，相比于小家庭，身处大家庭的人可以更方便地通过互联网与其他家人互动，这或许是其幸福感增加的另一原因。第（3）列和第（4）列中，若一个家庭有人外出打工，则被访者更能够通过互联网提升幸福感。外出打工带来了两方面的效应：其一，外出打工可以增加收入，此时，前面所说的收入效应再次发挥了作用；其二，外出打工可以增长见识，故对外面世界实际的体验将能够替代一部分

---

① 在本章的样本中，从事农业的个体家庭人均收入为12770元，从事非农工作的个体家庭人均收入为23401元，二者差距相当明显。

互联网传递新信息和新知识的功能，也就是说，外出打工这一行为本身可以扩展个体的可行能力集，这降低了农村居民对互联网工具的依赖。

表 7 – 9　　　　　　　　　家庭规模与是否外出打工的估计结果

变量	(1) 小家庭规模	(2) 大家庭规模	(3) 家庭无人外出打工	(4) 家庭有人外出打工
上网	0.011 (0.009)	0.026** (0.011)	0.026*** (0.009)	0.012 (0.010)
省份固定效应	是	是	是	是
时间固定效应	是	是	是	是
控制变量	控制	控制	控制	控制
样本数	15140	12735	13458	14417

注：$**\ p < 0.05$，$***\ p < 0.01$；括号中使用的是县级层面聚类标准误；表中汇报的是选择幸福感 = 10 的边际效应。

7.4.4　影响机制分析

在前面理论分析中可知，主观福祉由认知和情感两个维度构成。接下来通过对主观福祉的分解进一步讨论互联网的作用机制。

(1)　互联网与认知

在主观福祉理论中，认知主要用生活满意度衡量。结合 CFPS 数据，选择了整体生活满意度、工作满意度、婚姻满意度以及自我认知四个被解释变量。这里，前三个被解释变量均由问卷直接给出，"1"代表非常满意，"5"表示非常满意。比较遗憾的是，CFPS 并未直接给出自我认知的相关问题，故使用问题"您的地位？"衡量，其回答选项依旧是 5 个，"1"表示很低，"5"表示很高。

回归结果如表 7 – 10 所示，互联网使用显著提升了农村居民的整体生活满意度。正如前面所分析的那样，生活满意度是个体感受幸福的重要途径之一，互联网确实可以通过认知途径来提升幸福感。有意思的是，当我们去考察更加细分的认知维度时，发现互联网的作用并不一致。第（2）列~第（4）列分别给出了工作满意度、婚姻满意度以及自我满意度的估计结果。其中，互联网使用可以显著提升农村居民的工作满意度，这表明，上网行为影响了农户对工作的认知，并且这是一种积极的改进。然而，婚姻满意度和自我满意度的估计结果均显著为负，这意味着上网行为降低了对配偶以及自我的满意度，从而对主观福祉造成负面影响。这里，互联网对整体生活满意度的促进作用可以看作是正面效应和负面效应的综合结果，其在工作方面带来的满意度提升抵消了婚姻和自我两个层面的满意度下降。互联网通过改变生活满意度的认知途径提升了农民的主观幸福感，其微观作用机制如何？正如前面的理论分析，本章认为互联网的技术效应发挥了重要作用。

表 7 – 10　　　　　　　　　　　　互联网与农户认知满意度

变量	(1) 生活满意度	(2) 工作满意度	(3) 婚姻满意度	(4) 自我满意度
上网	0.015 *** (0.002)	0.087 *** (0.024)	– 0.065 ** (0.032)	– 0.008 ** (0.003)
省份固定效应	是	是	是	是
时间固定效应	是	是	是	是
控制变量	控制	控制	控制	控制
样本数	31160	25928	16009	31103

注：$** p < 0.05$，$*** p < 0.01$；括号中使用的是县级层面聚类标准误。

作为高效沟通工具的互联网的普及有助于增加个人社会资本积累。表 7 – 11 给出了互联网与农户社会资本积累的估计结果。根据克里希讷等（Krishna et al.，1999）的工作，将社会资本分为两类，具体为结构型和认知型社会资本，其中，前者主要指通过规则制度和行为准则所构建起来的社会网络，后者则指非正式制度（包括共享规范、信仰、信任和习俗等）。根据 CFPS 问卷，使用"人情礼支出"问题衡量结构型社会资本（将其取对数)①，使用"喜欢信任还是怀疑陌生人"问题来衡量认知型社会资本。第（1）列和第（2）列的回归结果表明，上网能够显著提升农户结构型社会资本和认知型社会资本。第（3）和第（4）列将幸福感作为被解释变量。估计结果显示，更高的社会资本积累（无论是结构型社会资本还是认知型社会资本）都会显著提升农户幸福感。社会资本是一种社会关系投资，可借助行为者在群体中发挥作用，而社会资本作为一种非正式制度，也对居民的个体行为选择产生影响。这一结果表明社会资本积累确实是互联网使用影响幸福感的作用机制。

表 7 - 11　　　　　　　　互联网与农户社会资本积累

变量	(1) 结构型社会资本	(2) 认知型社会资本	(3) 幸福感	(4) 幸福感
上网	0.370 ** (0.160)	0.123 *** (0.030)		
结构型社会资本			0.003 *** (0.001)	
认知型社会资本				0.144 *** (0.015)
省份固定效应	是	是	是	是
时间固定效应	是	是	是	是
控制变量	控制	控制	控制	控制
样本数	25610	27798	25610	27798

注：$**p<0.05$，$***p<0.01$；括号中使用的是县级层面聚类标准误。

表 7 - 12 探讨互联网使用对农户职业选择与消费习惯等传统行为的影响。在 CFPS 问卷中，直接询问农户是否从事农业相关工作，1 表示"是"，0 表示"否"。消费支出为年支出，将其取对数。表 7 - 12 的回归结果表明，上网行为显著提升了非农就业概率与消费支出。第（3）列和

---

① 对于中国农村这样的熟人社会而言，"礼尚往来"是非常重要的社交方式之一，"人情礼"支出越多，表明社交网络越大，因此该变量可以作为社会结构型资本的代理变量（杨汝岱等，2011；张景娜等，2020）。

第（4）列结果表明，非农就业和消费支出显著提升农户幸福感，中介效
应显著。

表 7 – 12　　　　　　　　　　　　互联网与农户传统行为

变量	（1）非农就业	（2）消费支出	（3）幸福感	（4）幸福感
上网	0.226 *** （0.036）	0.117 *** （0.024）		
非农就业			0.037 ** （0.018）	
消费支出				0.021 *** （0.008）
省份固定效应	是	是	是	是
时间固定效应	是	是	是	是
控制变量	控制	控制	控制	控制
样本数	27875	27068	27875	27068

注：$** p < 0.05$，$*** p < 0.01$；括号中使用的是县级层面聚类标准误。

（2）互联网与情绪

　　主观福祉的另一个组成维度是情绪，其中情绪又可以划分为积极情绪
和消极情绪。如果互联网提升了农民主观福祉，那么很可能是因为上网行
为带来了正面的情绪效应。本章对该机制进行了检验。在 CFPS 数据中，选
取两个问题反映积极情绪的感受频率，分别是"感到愉快"和"生活快乐"，
受访者答案为 1、2、3、4，其中 1 代表"几乎没有"，4 则代表"大多时候
有"。类似地，选取两个问题反映消极情绪的感受频率，分别是"情绪低落"
和"悲伤难过"。受访者选项同样是 1 至 4，1 表示"几乎没有"，4 则表示
"大多时候有"。回归结果如 7 – 13 所示，可以看到，第（1）列、第（2）列
的结果表明上网行为显著提升了积极情绪的感受频率，另外，后两列的估计
系数显著为负，表明上网行为抑制了消极情绪的发生频率。综合来看，农
户的上网行为带了更多的正面情绪，因而有助于提升主观福祉。

表 7 – 13 互联网与农户情绪

变量	(1)	(2)	(3)	(4)
	积极情绪		消极情绪	
	感到愉快	生活快乐	情绪低落	悲伤难过
上网	0.069 **	0.055 *	− 0.069 **	− 0.080 **
	(0.028)	(0.031)	(0.028)	(0.031)
省份固定效应	是	是	是	是
时间固定效应	是	是	是	是
控制变量	控制	控制	控制	控制
样本数	17863	17863	17863	17863

注: $*p < 0.10$，$**p < 0.05$；括号中使用的是县级层面聚类标准误。

从理论分析中可知，互联网的信息效应是影响个体情绪的重要渠道。互联网本身的一个重要特征就是信息搜寻。大量文献表明，互联网可以降低搜寻成本，改善信息不对称局面（Dimaggio et al.，2008；鲁元平等，2018；柳松等，2020），进而提升主观福祉。接下来，我们将检验该理论是否可以解释农户的情绪变化。在 CFPS 问卷中，被访者被要求回答"互联网作为信息渠道的重要程度"，答案为 1 至 5，1 表示"最不重要"，5 表示"最重要"。使用该问题作为核心解释变量，以考察互联网的信息效应是否存在。估计结果如表 7 – 14 所示。有意思的是，当把互联网作为重要的信息来源时，农户积极情绪的感受频率并没有显著提升（系数依然为正）。互联网的信息效应更可能是通过抑制消极情绪发挥作用。表 7 – 14 的后两列表明，当农户把互联网作为重要的信息来源时，消极情绪的发生频率显著降低了。

表 7 – 14 作为信息渠道的互联网与农户情绪

变量	(1)	(2)	(3)	(4)
	积极情绪		消极情绪	
	感到愉快	生活快乐	情绪低落	悲伤难过
互联网作为信息渠道的重要性	0.012	0.006	− 0.040 ***	− 0.042 ***
	(0.008)	(0.009)	(0.009)	(0.008)

续表

变量	(1)	(2)	(3)	(4)
	积极情绪		消极情绪	
	感到愉快	生活快乐	情绪低落	悲伤难过
省份固定效应	是	是	是	是
时间固定效应	是	是	是	是
控制变量	控制	控制	控制	控制
样本数	17856	17856	17856	17856

注：*** $p<0.01$；括号中使用的是县级层面聚类标准误。

对于农村居民而言，互联网的信息效应更多地发生在社交方面。为此，本章还特别检验了互联网的社交功能是否对农户情绪带来影响。在 CFPS 问卷中，被访者被要求回答"上网时社交的重要程度"，答案为 1 至 5，1 表示"最不重要"，5 表示"最重要"。表 7 – 15 给出了农户更重视互联网的社交属性时[①]，其情绪所受到的影响。可以看到，当互联网作为社交的信息传递工具时，农民的积极情绪感受频率显著提升了。相对地，消极情绪所受影响却并不明显。表 7 – 14 和表 7 – 15 的回归结果间接验证了前面理论部分的假说，积极情绪和消极情绪确实存在某种程度的独立性，这也许是由于大脑中负责积极情绪和消极情绪的区域不同所致。

表 7 – 15　　　　　　　　　互联网的社交用途与农户情绪

变量	(1)	(2)	(3)	(4)
	积极情绪		消极情绪	
	感到愉快	生活快乐	情绪低落	悲伤难过
上网时社交的重要程度	0.036 ***	0.050 ***	– 0.027 *	– 0.029
	(0.012)	(0.009)	(0.015)	(0.020)
省份固定效应	是	是	是	是
时间固定效应	是	是	是	是

---

①　除了上网时社交的重要程度这一问题，本章也考察了"上网时学习的重要程度""上网时工作的重要程度""上网时娱乐的重要程度""上网时商业活动的重要程度"等变量对农民主观情绪的影响，结果表明这些使用场景均未对农户情绪产生显著影响。

续表

变量	(1)	(2)	(3)	(4)
	积极情绪		消极情绪	
	感到愉快	生活快乐	情绪低落	悲伤难过
控制变量	控制	控制	控制	控制
样本数	5137	5137	5137	5137

注：$*p<0.10$，$***p<0.01$；括号中使用的是县级层面聚类标准误。

7.5 ▶ 内生性问题探讨

在前面的回归模型中，尽可能纳入控制变量以缓解遗漏变量偏误，同时，为消除省际政治、经济、文化和环境差异，进一步增加了省份固定效应。然而，除了遗漏变量，内生性问题还可能来自双向因果问题，即主观幸福感更高的农村居民或许更倾向使用互联网。为解决该问题，选择使用鲁德曼（Roodman，2011）提出的CMP（conditional recursive mixed-process）方法来重新估计模型。使用该模型的理由在于，被解释变量农村居民幸福感是限值变量，传统模型无法根据该类型变量设定估计的函数类型。与两阶段最小二乘法类似，CMP估计也需要选择工具变量。根据已有文献，选择了地区层面互联网上网率作为个体适用互联网的工具变量（Penard et al.，2013；Sabatini et al.，2017；周广肃等，2017；鲁元平等，2018）。一方面，地区层面的上网率越高，个体使用互联网的概率也会越高，二者具有相关性；另一方面，地区层面的上网率属于宏观层面的加总数据，并不会直接影响农村居民的幸福感，也不会与其他影响上网的个体特征相关，因此满足工具变量的排他性要求。表7-16给出了CMP工具变量的回归结果，稳健起见，还同时给出了两阶段最小二乘法的估计结果。第（1）列报告的是第一阶段回归结果，工具变量（地区上网率）与农村居民上网行为存在显著正相关关系，因此选择该工具变量是合理的。第（2）列的估计结果表明，农户上网行为显著提升了幸福感。注意到参数 atanhrho_12 在 5% 的水平上显著，表明使用 CMP 估计方法是合适的。第（3）列和第（4）列是两阶段最小二乘法的估计结果，工具变量仍是地区上网率，结果仍然稳健。

表 7 - 16　　　　　　　　　　工具变量估计结果

变量	CMP		2SLS	
	（1）	（2）	（3）	（4）
	第一阶段	第二阶段	第一阶段	第二阶段
上网		0.355 ***		0.743 **
		(0.120)		(0.325)
地区上网率	0.637 ***		0.653 ***	
	(0.015)		(0.025)	
atanhrho_12		- 0.082 **		
		(0.033)		
省份固定效应	是	是	是	是
时间固定效应	是	是	是	是
控制变量	控制	控制	控制	控制
样本数	27875	27875	27875	27875

注：** $p < 0.05$，*** $p < 0.01$；括号中使用的是县级层面聚类标准误。

　　除了遗漏变量和双向因果，度量误差同样可能导致内生性问题。解释变量方面，用是否移动上网作为农户上网行为的代理变量。被解释变量方面，用生活满意度①作为另一种衡量幸福感的变量。估计结果如表 7 - 17 所示。本章同时汇报了 ordered probit 和 CMP 的估计结果。由于 CMP 中的 atanhrho_12 在 10% 的显著水平上显著，故使用 CMP 估计方法将更为有效。可以看到，当我们更换变量后，原来的结论依然成立，上网可以显著提升农户的生活满意度，同时，移动上网也显著增加了农户的幸福感。

---

　　①　在 CFPS 问卷中，该问题为"对自己生活满意度"，答案取值 1 至 5，1 表示很不满意，5 表示非常满意。

表 7 – 17   替换解释变量与被解释变量

变量	ordered probit		CMP	
	(1)	(2)	(3)	(4)
	生活满意度	幸福感	生活满意度	幸福感
上网	0.187 (0.022)		0.278 ** (0.122)	
移动上网		0.051 ** (0.026)		0.998 ** (0.502)
atanhrho_12			– 0.074 ** (0.034)	– 0.346 * (0.199)
省份固定效应	是	是	是	是
时间固定效应	是	是	是	是
控制变量	控制	控制	控制	控制
样本数	27870	14471	27870	14471

注：$*p<0.10$，$**p<0.05$；括号中使用的是县级层面聚类标准误。

7.6 ▶ 本章小结

本章利用微观调查数据，考察了互联网使用对农村居民主观福祉的影响。研究发现，使用互联网对农村居民主观福祉产生了显著的正向影响。同时，对于农村居民而言，互联网使用的不同领域，学习和工作用途最为重要。在异质性分析中，发现相比于男性，女性更容易利用互联网提升主观福祉；年轻人和老年人更容易利用互联网提升主观福祉，而中年农村居民无法通过互联网显著提升主观福祉。教育水平方面，小学以下学历的人可以通过互联网提升主观福祉，而互联网对中学及以下人群的主观福祉影响不大。互联网使用也能够显著改善低收入人群及从事农业工作的农村居民的主观福祉，而相比于从事非农工作的农村居民而言，从事农业工作通常也意味着较低的收入，因此互联网具有改变低学历、低收入水平等"弱势人群"的福利效应。此外，互联网使用可以提升身处大家庭、家庭无人外出打工的个体的主观福祉。在机制分析方面，本章发现，在认知层面，使用互联网的农村居民具有更高的生活满意度与工作满意度，但对婚姻满意度和自我满意度则具有负面影响，故互联网使用对整体主观福祉的影响可以看作是不同领域满意度的综合结果。另外，互联网可以发挥其技术效应，通过增加农户社会资本积累、改变传统行为的方式提升主观福祉。在情感层面，互联网通过信息搜寻和传播功能，显著提升了农户"感到愉快"和"生活快乐"的概率，同时降低了"情绪低落"和"悲伤难过"的概率，进而提升主观福祉。最后，使用地区层面互联网普及率作为工具变量，结合 CMP 模型重新估计了互联网使用对农村居民幸福感的影响，其结论依然稳健。

第8章

研究结论与政策建议

8.1 ▶ 主要结论

经济进入新常态后，发展目标也随之调整。只关注"GDP"的发展模式带来一系列负面后果，"以人为本"的价值取向开始成为衡量社会发展和进步的重要标准。在中国，发展问题的一个核心是"三农"问题，而实施乡村振兴战略已成为新时代"三农"工作的总抓手。农村居民作为我国一个特殊而庞大的主体，乡村振兴战略关系到农村居民的根本利益和生活质量水平的高低。增进农民福祉是乡村振兴战略的根本目标。在这样的背景下，考察农村居民客观福祉具有重要的理论意义和现实意义。本书根据已有的福祉理论，着重考察了互联网这一外生技术对农村居民主、客观福祉的影响，并在此基础上探讨了促进农村居民主、客观福祉的关键要素。本书的主要结论以下五点。

第一，通过对农村居民互联网技术应用及其福祉变迁的特征事实分析，发现农村互联网得到长足发展。2007 年，农村互联网普及率仅为

5.1%，到 2020 年已经提升为 55.9%，年平均增长率达到 15.5%。虽然城镇互联网普及率显著高于农村，但近年来城乡差距正在缩小。从个体特征来看，农村居民中的男性、初中学历、中低收入群体、19 岁及以下的年轻人占网民总数的比例更大。另外，农村居民上网使用最多的是互联网的信息获取功能与网络娱乐功能。商务交易功能的使用率较低，但近年来呈现出显著的增长趋势明显。主观福祉方面，CGSS 统计数据表明，2005～2017年，农村居民主观福祉同样呈现逐年递增趋势。个人特征方面，农村女性居民主观福祉稍高于男性，教育水平越高其主观福祉也越高。有趣的是收入水平，分析并没有发现"伊斯特林悖论"，较高收入人群通常拥有更高幸福感。使用收入与消费、就业、公共品供给和生态环境等变量对客观福祉进行初步评价，其结果同样表明，农村居民客观福祉改善明显。在农村居民使用互联网技术的特征事实方面，通过典型案例分析发现，互联网技术应用有助于提高农村居民收入，各地区可以通过构建网络信息数据平台提升医疗服务质量，使农户获得更好的医疗健康服务。而互联网智能化管护平台的运用也可以有效提升农村人居环境。利用宏观统计数据对上述特征进行一般意义上的考察，发现互联网发展与收入、健康、生态环境等福祉的子维度，存在正相关关系。

第二，互联网技术对农村居民福祉的影响机制分析。在前面论述的基础上，进一步明晰农村居民客观福祉和主观福祉的意涵。首先，将农村居民客观福祉拆分为基础功能、发展功能和可持续功能三个功能维度。进一步地，从收入、教育和健康三个层次刻画基础功能；从生活便利、生活水平与社会保障三个层次刻画农村居民发展功能；以生态环境来刻画可持续功能。据此，分维度探讨互联网发展对农村居民客观福祉的影响。互联网通过其信息功能提升农村居民的收入水平、教育水平和健康水平，进而提升基础功能福祉。利用互联网搭建的公共信息平台可以从功能和信息传递两个方面改善农村居民发展功能。以生态环境评价的可持续功能方面，互联网一方面可以通过环境信息监管平台提升环境治理效率，另一方面也可能因为互联网经济所带来的一般均衡效果增加污染，故该渠道的影响机制并不明确。其次，本书将主观福祉分解为认知与情感两个维度。在作用机制方面，互联网可以通过其技术效应影响居民认知，进而影响其主观福祉。与技术效应不同，互联网提供的信息效应更多地通过情感维度来影响主观福祉。

第三，基于福祉相关理论，结合现阶段后小康时代背景下城乡之间发展不平衡、农村发展不充分的现实，构建农村居民客观福祉评价体系，在此基础上采用全局主成分分析法（GPCA）对 2007~2018 年 30 个省（区、市）的农村居民客观福祉进行实证测量及时序分析，并运用达岗姆（Dagum）基尼系数测算分析地区差异。研究发现，考察期内我国农村居民客观福祉指数呈现平稳上升的态势，基础功能、发展功能、可持续功能三大功能维度指数也均呈现上升趋势，对农村居民客观福祉的提升起到促进作用。从绝对差异看，四大区域呈现"东部 > 东北 > 中部 > 西部"的分梯度规律。从相对差异来看，四大区域农村居民客观福祉水平均保持平稳上升趋势，农村居民客观福祉水平最高的东部及东北地区年均增长率相对较低，中西部地区农村居民客观福祉水平的增长则出现一定的赶超趋势。从动态变化来看，东部地区各省份农村居民客观福祉水平变化态势相对稳定，中部、西部地区各省份的农村居民客观福祉水平整体呈波动变化趋势，但西部波动幅度小于中部，东北地区内部各省农村居民客观福祉水平跳跃性较大。更具体地，农村居民客观福祉水平整体差异相对较小，除东北各省外，其他省份省际差异呈逐年缩小趋势。就区域差异及其来源而言，考察期内农民福祉水平的总体空间差异呈平稳下降特征，基尼系数位于 0.065~0.169。具体到区域内差异，东部、中部、西部三大区域均呈逐年缩小趋势，具体可以分为"稳步下降—下降趋缓"两阶段，但东北地区内部农村居民客观福祉的差距则在逐渐增大，呈现扁平"几"字形变化。四大区域中，农村居民客观福祉水平的非均衡性在东部地区内部表现最为突出，其次西部地区，再次为中部地区，最后为东北地区。四大区域两两之间区域间差异呈递减态势，但东部地区与其他地区的区域间差异远高于其他三个地区两两间的区域间差异，2014 年之后，东部与其他三个区之间的差异随着时间的推移，逐步收敛到同一稳态水平。就总体差异成因来看，造成农村居民客观福祉存在区域差异的主要原因为区域间差异，其次为区域内差异，最后为超变密度。

第四，农村居民客观福祉水平具有明显的空间自相关性，具有相似福祉水平的区域表现出显著的空间集群特征，因此使用空间计量模型对互联网与农村居民客观福祉的关系进行实证分析，结果表明互联网发展有利于提升农村居民客观福祉，且互联网发展对农村居民客观福祉的此种影响存在明显的空间溢出效应。分区域看，互联网在东部、中部、西部地区的影响有明显差异，地域异质性特征显著。分福祉维度看，除可持续功能以外，互联网的发展对于本地区农村居民基础功能和发展功能均有着较好的促进作用。空间效应方面，互联网发展主要通过网络效应、示范效应和信息效应三个渠道对邻近地区农村居民客观福祉产生影响。同时，互联网发展与农村居民客观福祉增长之间还存在着单一门槛效应。当互联网普及率高于门槛值时，互联网使用将会导致农村居民客观福祉更多地提升。更多的门槛变量显示，当农村人力资本水平和金融发展水平超过门槛值时，互联网发展更有利于提升农村居民客观福祉。产业升级变量是少有的例外，当越过该变量既定门槛值时，互联网发展对农村居民客观福祉的正面作用降低了，这可能是由于互联网所带来的升级产业降低了农户可能获取的收入所致。

第五，将农村居民主观福祉区分为认知和情感两个维度，证明互联网可以通过这两个渠道影响主观福祉。利用 2014～2016 年多期中国家庭追踪调查数据，结合有序概率模型（ordered probit）模型发现：其一，与不使用互联网的农户相比，使用互联网的农户有更高的主观福祉。互联网使用的不同领域，包括学习、工作、社交、娱乐和商业活动，都能带来农村居民主观福祉的提升，但互联网的学习和工作用途作用更为明显。其二，异质性分析显示，互联网具有改变"弱势群体"的福利效应。具体地，在农村，女性更容易利用互联网提升主观福祉；年轻人和老年人容易利用互联网提升主观福祉，互联网尤其能显著改善老年人的主观福祉。在教育水平方面，低教育群组可以通过互联网提升主观福祉，而互联网对中、高等教育水平群体的主观福祉影响不大。互联网也显著改善了低收入人群、从事农业工作个体的主观福祉。其三，机制分析发现，在认知层面，互联网发挥其技术效应，通过积累社会资本及改变传统行为提升农民生活满意度，进而增进其主观福祉；在情感层面，互联网通过信息搜寻和传播功能，提升产生积极情绪的概率，同时抑制消极情绪产生的概率，进而提升主观福祉。处理了模型估计的内生性问题后，基本结论依然稳健。

8.2 ▶ 政策建议

2019 年出版的《数字乡村发展战略纲要》，明确指出"数字乡村是伴随网络化、信息化和数字化在农业农村经济社会发展中的应用，以及农民现代信息技能的提高而内生的农业农村现代化发展和转型进程"。此外，我国已经取得了脱贫攻坚战的全面胜利，在接下来的乡村振兴工作中，"产业兴旺、生态宜居、乡风文明、治理有效、生活富裕"成为新的目标，而新目标的出发点和落脚点即是增进农村居民福祉。新时代下，互联网应该作为一种重要的工具嵌入该发展目标中，发挥关键作用。从乡村振兴这一伟大战略出发，本章在理论研究与实证研究的基础上，提出了以下五点政策建议。

8.2.1　以提升农村居民福祉为首要发展目标，促进公平分配和共同富裕

在实现了农村居民全面脱贫的当下，关注包含更多内容的福祉目标不仅具有理论意义，更具备重要的实践意义。另外，一个值得强调的问题是，并不能因为关注农村居民的福祉目标而完全忽视经济增长。本书第 3 章的研究表明，更高的收入往往能带来更高的福祉和幸福感，这意味着当下农村居民的收入水平并未达到"伊斯特林悖论"的阈值，收入与福祉并不相悖。就当下的中国而言，经济增长仍是提升农村居民物质文化生活水平的关键所在，是实现其福祉的重要前提。进一步讲，我们需要关注的问题并非要不要经济增长，而是以什么方式来实现经济增长。显然，牺牲个人福祉的增长模式将是不可取的，因为这违背了发展的初衷。此外，根据第 4 章结论，依照目前的发展趋势，以可行能力为基础评价的不同地区的农民福祉水平，随着时间的推移可以逐步稳定在一定范围内并逐步缩小。由此表明，经济增长虽然仍是提升农民生活质量的关键所在，但各省区之间的经济发展水平、农民收入差距在短期内并不具备均衡条件，基于后小康时代中国发展不充分、不均衡的现实，应将政策聚焦在农民的可行能力上，重点关注目前农民滞后的功能状况，如收入分配、公共产品供给等能力维度，促进农民可行能力的发展，实现农民福祉基本功能的均衡发展，使农民共享改革发展的成果，最终实现共同富裕。

8.2.2　重视农村居民客观福祉的区域与空间差异，实施东中西均衡发展政策

前面研究结果表明，区域间差异是造成其农民福祉差异的主要来源。

因此，在推进农民福祉区域协调发展的进程中，既要注重缩小地区间农民福祉水平的差距，也要兼顾区域间农民福祉水平提升速度的协调。对于东部地区，优化财政支出结构，促进公共发展性服务的提档升级。同时，加大发达省份对西部地区的对口支援，强化对中部、东北部、西部地区的政策扶持，完善转移支付政策、建立多元资金投入机制，围绕农村一二三产业深度融合、基础设施与宜居环境建设、农村公共服务等，实施一批重大建设工程。尽快建立农民稳定增收的长效机制，多渠道促进农民增收，进一步增强发展可持续性，补足短板，发展好社会救济和社会福利项目。同时，关注东部地区农民福祉区域内差异最大这一问题，积极重塑东部地区，利用东部地区的区位优势进行正向干预，促进东部地区内部落后地区农民福祉的提升，实现其内部的均衡发展或将成为中国民生能力建设的重要突破点。此外，考虑到存在区域交互效应，东部地区应发挥对其他两大地区的空间溢出效应，加强示范与跨区协作。中西及东北部地区应依托技术进步等将资源优势转化为经济、生态优势，形成空间联动，缩小农民福祉的区域间差异。

8.2.3 优化乡村振兴投资方向，发挥互联网基础设施和农村人力资本的决定性作用

本书的实证研究表明，使用互联网技术应用可以显著提升农村居民福祉。该结论直接的政策效果，一是加大乡村振兴农村信息化资金投入，完善农村信息基础设施建设。考虑到互联网的规模保持递增效应及其正外部性，除各级政府在新基建中加大对乡村的直接投入外，也需要从产业政策和财政政策方面对社会资本参与农村信息化设施建设和服务给予补贴。二是完善基层农业信息服务体系建设。目前，农村的信息化条件已有巨大进步。但农村信息服务体系并不完善，这将阻碍农村居民有效率地使用互联

网。可面向各级农业管理部门，建立智能决策支持系统，提高农业宏观管理的科学性和预见性。此外，政府应强化信息技术应用能力培训。在具体应用方面，电子商务在农村的普及率还不高，需要政府及相关专业部门加以引导。考虑到许多地区刚脱离贫困，农民并不富裕，低收入群体并未充分享受信息化服务，政府应针对相关人群制定专门政策，降低互联网使用成本。同时，有针对性地加强信息技术应用能力的培训，提升农民尤其是"弱势群体"信息价值的认知。在实证研究的样本中，农村中还有很大一群人并未使用过互联网，未使用的一个重要理由在于"不会"。政府应主动承担唤醒农村居民信息价值认知的责任，通过和高校、研究机构以及互联网公司的合作，对农民进行适当培训，及时更新相关知识，帮助其使用互联网，并通过互联网享受便捷服务以及更多的公共资源。

8.2.4　丰富互联网应用场景，多渠道提升农村居民福祉

本书的计量结果表明，互联网的不同应用场景对农村居民福祉的提升有显著的正向作用，这意味着可以通过丰富互联网不同场景的相关应用，包括降低其使用成本以及增加使用效率，以改善农村居民福祉。具体而言，当互联网运用于工作时，对主观福祉的改善是最为显著的，接下来分别是学习、社交、娱乐以及商业活动。据此，政府应首先优化互联网在农业及非农工作场景中的应用。一方面，加强城乡物流、商流、信息流的互通，促进电商、民生服务站与邮政物流的深入交融，通过接入电商平台，实现农产品"线上＋线下"的结合。同时，发展以短视频媒体为依托的网络直播营销，解决农产品"卖难"问题。另一方面，协同政府、龙头企业、专业合作社、第三方平台等，构建信息平台，收集、发布产业相关市场及政策信息，实现共建共享。在教育学习领域，强化"专递课堂、名师课堂、名校课堂"等的建设，促进教育资源的可及性和均等化。还可搭建

针对农民职业教育的 App，特别是开发有利于提升职业技能的内容，从而帮助其快速积累知识，就业增收。另外，考虑到农村相较城市资源匮乏且居住分散的特点，政府部门还应考虑涉及更多与公共服务相关的互联网应用场景。如在医疗健康领域，搭建移动健康服务平台，在农村居民健康数据的管理、相关知识的普及，乡村医疗卫生服务人员的培训等方面实现城乡互动共享。在民生服务领域，完善县、乡（镇）、村三级综合民生服务网络，将电力、保险、电信等商业企业和政府其他电子政务平台统一接入综合平台，降低农村居民办事成本，实现便民、利民。此外，还可以利用互联网＋金融的模式，为农业生产或农民创业提供资金支持。在大数据的背景下，农村居民消费信贷行为有了更详尽的记录，其可以帮助金融机构更好地识别贷款风险，从而规避可能存在的道德风险和逆向选择问题。

8.2.5 完善互联网综合治理体系，营造健康的互联网环境

强化法治化思维和社会协同思维，构建网络综合治理体系。互联网可以发挥技术效应、信息效应等来影响农村居民福祉。但由于互联网的工具属性对使用者并不设限的，因此互联网上并不总是传递正向积极的信息，放任负能量在互联网任意传播，势必会对农村居民福祉带来负向影响。因此鉴别和排除网络上非法的、不健康内容成为政府相关部门维护互联网公共安全的重要职责，否则势必会对农民福祉带来负向影响。从根本上杜绝网络糟粕，需要网监、宣传等部门与全社会共同行动。具体地，相关部门应该依法完善网络空间治理，加强网络内容建设，从源头净化互联网的信息发布，主动及时对政务、民生等信息公开，营造健康的互联网环境。在农村网民层面，需做到依法用网、文明用网，多发好声音、传播正能量，同时强化公众的监督者角色。此外，各级政府应强化市场监管和舆论引导，进一步完善保障农村居民信息消费的相关制度机制，加大行业监管力

度，规范电商等经营行为，取缔不合理收费，切实维护农村居民在电信、电脑、互联网等信息消费方面的权益，进一步加强农村互联网治理。

8.3 ▶ 研究展望

本书利用宏微观数据研究了互联网技术使用对农村居民福祉的影响，但仍然存在一些不足，需要在未来的研究中从以下三个方面深入。

其一，实证数据。本书使用的数据涉及宏观和微观两个层面。宏观层面，互联网相关数据大都来自省级层面，地级市与县级层面数据相对稀少。这意味着，农村居民客观福祉部分的实证研究很难捕捉到省级内部和地级市内部的差异。对中国的各省份而言，省级内部的差异不应该被直接忽略，例如四川东部地区和西部地区的经济差异就十分显著，两个地区在互联网技术使用，农村居民福祉方面的差异也应该被度量出来，显然省级层面的数据无法做到这一点。微观层面，本书主要使用了 CFPS，然而该调查也仅仅是抽样调查，并且涉及年份主要为 2010 年、2014 年、2016 年和2018 年。缺乏连续的时间数据，使本书很难捕捉到互联网技术进步对农村居民福祉的改善状况。特别是随着移动互联网和数字经济的兴起，互联网技术日新月异，互联网对农村居民福祉的影响也可能随时变化，这就要求有更长时段的连续数据。

其二，因果识别。对任何一个实证文献而言，因果识别都是重点所在。在主观福祉的实证章节，使用了 CMP 方法来解决内生性问题。然而，该方法选择的地区工具变量可能并不完全满足排他性解释，故估计结果可能依然存在偏误。相对于通过工具变量法进行因果识别，随机对照试验、双重差分和断点回归方法能够更好地解决内生性问题，但新方法的运用再次对数据提出了要求。在今后的研究中，可以考虑使用更多的调研数据来设计因果识别策略，以实现因果推断。

其三，多学科的视角。福祉是本书关注的重要概念之一。显然，这一概念并非经济学所独有。经济学中的福祉仅仅强调了其复合内涵的某一方面，该方面的核心可以解释为偏好。然而，不能否认的是，社会学、心理学和政治哲学等学科也都对人类福祉有所关注。在以后的研究中，多学科的交叉有助于更深入地理解福祉概念，从而可以提出更合适的建议以提升人类福祉。

参 考 文 献

［1］阿马蒂亚·森．正义的理念［M］．北京：中国人民大学出版社，2012．

［2］阿里研究院．遂昌模式研究——服务驱动型县域电子商务发展模式［EB/OL］．（2013－10－30）［2023－05－13］．http://www.aliresearch.com/ch/information/informationdetails?articleCode＝18391&type＝%E6%96%B0%E9%97%BB.

［3］安同良，杨晨．互联网重塑中国经济地理格局：微观机制与宏观效应［J］．经济研究，2020（2）：4－19．

［4］白描．微观视角下的农民福祉现状分析——基于主、客观福祉的研究［J］．农业经济问题，2015，36（12）：25－31．

［5］白描，吴国宝．农民主观福祉现状及其影响因素分析——基于5省10县农户调查资料［J］．中国农村观察，2017（1）：41－51．

［6］鲍威，金红昊，肖阳．阶层壁垒与信息鸿沟：新高考改革背景之下的升学信息支持［J］．中国高教研究，2019（5）：43－52．

［7］北京师范大学"中国民生发展报告"课题组．中国民生发展指数总体设计框架［J］．改革，2011（9）：5－11．

［8］蔡跃洲，张钧南．信息通信技术对中国经济增长的替代效应与渗透效应［J］．经济研究，2015（12）：100－114．

［9］曹大宇．我国居民收入与幸福感关系的研究［D］．武汉：华中科技大学，2009．

[10] 钞小静, 任保平. 中国经济增长质量的时序变化与地区差异分析 [J]. 经济研究, 2011 (4): 26-40.

[11] 陈刚, 李树. 政府如何能够让人幸福? ——政府质量影响居民幸福感的实证研究 [J]. 管理世界, 2012 (8): 55-67.

[12] 陈工, 何鹏飞, 梁若冰. 政府规模、政府质量与居民幸福感 [J]. 山西财经大学学报, 2016 (5): 11-21.

[13] 陈建宝. 我国各地区农村居民生活质量评价研究 [J]. 中国经济问题, 2010 (4): 11-18.

[14] 陈思宇, 胡志安, 陈斌开. 技术与文化: 互联网如何改变个人价值观? [J]. 经济学动态, 2016 (4): 37-47.

[15] 陈婉婷, 张秀梅. 我国居民主观幸福感及其影响因素分析——基于 CGSS2010 年数据 [J]. 调研世界, 2013 (10): 9-15.

[16] 陈旭堂. 农村电商助推乡村共同体的形塑与重构——基于浙江省遂昌县的实证分析 [J]. 探索, 2019 (5): 132-140.

[17] 陈志钢, 毕洁颖, 吴国宝, 等. 中国扶贫现状与演进以及 2020 年后的扶贫愿景和战略重点 [J]. 中国农村经济, 2019 (1): 2-16.

[18] 程名望, 张家平. 互联网普及与城乡收入差距: 理论与实证 [J]. 中国农村经济, 2019 (2): 1-22.

[19] 储德银, 赵飞. 财政分权、政府转移支付与农村贫困——基于预算内外和收支双重维度的门槛效应分析 [J]. 财经研究, 2013 (9): 4-18.

[20] 丁黄艳, 廖元和. 贫困地区基础设施效率及其时空溢出特征——基于三峡库区面板数据的例证 [J]. 贵州财经大学学报, 2016 (6): 99-108.

[21] 范如国, 张宏娟. 民生福祉评价模型及增进策略——基于信度、结构效度分析和结构方程模型 [J]. 经济管理, 2012 (9): 161-169.

[22] 方红生, 张军. 中国财政政策非线性稳定效应: 理论和证据 [J]. 管理世界, 2010 (2): 10-24.

[23] 傅鹏，张鹏．周颖多维贫困的空间集聚与金融减贫的空间溢出——来自中国的经验证据 [J]．财经研究，2018（2）：115-126.

[24] 高洪洋，胡小平，王彦方．中国农村居民医疗保健支出的影响因素 [J]．财经科学，2016（2）：82-92.

[25] 辜胜阻，曹冬梅，李睿．让"互联网+"行动计划引领新一轮创业浪潮 [J]．科学学研究，2016（2）：161-165，278.

[26] 官皓．收入对幸福感的影响研究：绝对水平和相对地位 [J]．南开经济研究，2010（5）：56-70.

[27] 郭家堂，骆品亮．互联网对中国全要素生产率有促进作用吗 [J]．管理世界，2016（10）：34-49.

[28] 国务院发展研究中心"中国民生指数研究"课题组．我国民生发展状况及民生主要诉求研究——"中国民生指数研究"综合报告 [J]．管理世界，2015（2）：1-11.

[29] 长理论的综合框架 [J]．管理世界，2020（2）：72-94，219.

[30] 韩先锋，宋文飞，李勃昕．互联网能成为中国区域创新效率提升的新动能吗 [J]．中国工业经济，2019（7）：119-136.

[31] 何立新，潘春阳．破解中国的"伊斯特林悖论"：收入差距、机会不均与居民幸福感 [J]．管理世界，2011（8）：11-22，187.

[32] 胡安宁．教育能否让我们更健康——基于2010年中国综合社会调查的城乡比较分析 [J]．中国社会科学，2014（5）：116-130.

[33] 胡伦，陆迁．贫困地区农户互联网信息技术使用的增收效应 [J]．改革，2019（2）：74-86.

[34] 胡钰，付饶，金书秦．脱贫攻坚与乡村振兴有机衔接中的生态环境关切 [J]．改革，2019（10）：141-148.

[35] 胡志坚，李永威，马惠娣．我国公众闲暇时间文化生活研究 [J]．清华大学学报（哲学社会科学版），2003（6）：53-58.

［36］黄嘉文．教育程度、收入水平与中国城市居民幸福感：一项基于 CGSS2005 的实证分析［J］．社会，2013（5）：181－203.

［37］黄嘉文．收入不平等对中国居民幸福感的影响及其机制研究［J］．社会，2016（2）：123－145.

［38］惠宁，白思．互联网、空间溢出与文化产业发展——基于省域面板数据的空间计量分析［J］．统计与信息论坛，2021（1）：100－107.

［39］纪竹荪．我国国民生活质量统计指标体系的构建［J］．统计信息与论坛，2003（4）：16－17.

［40］姜长云，李俊茹，王一杰．近年来我国农民收入增长的特点、问题与未来选择［J］．南京农业大学学报（社会科学版），2021（3）：1－21.

［41］蒋军成，高电玻，吴丽丽．农村社会养老保险制度保障效果及其城乡统筹［J］．现代经济探讨，2017（4）：26－31.

［42］蒋云赟．我国城乡大病保险的财政承受能力研究［J］．财经研究，2014（11）：4－16.

［43］经济合作与发展组织．OECD 互联网经济展望［M］．上海：上海远东出版社，2012.

［44］康德．实践理性批判［M］．北京：人民出版社，2016.

［45］康萌萌．中国保险业减贫效应区域差异及门槛特征研究——基于2003～2015 年省际空间面板数据的实证研究［J］．保险研究，2018（7）：30－44，59.

［46］赖怀福．中国农村公路建设资金结构现状［J］．交通世界，2004（6）：34－38.

［47］赖晓飞．影响城乡居民主观幸福感的路径分析——对农村人口流动的文化解释［J］．贵州大学学报（社会科学版），2012（5）：31－35.

［48］冷晨昕，祝仲坤．互联网对农村居民的幸福效应研究［J］．南方经济，2018（8）：107－127.

[49] 冷哲. 农村公共产品有效供给的财政激励制度研究 [D]. 北京: 中央财经大学, 2016.

[50] 李东方, 刘二鹏. 社会支持对农村居民健康状况的影响 [J]. 中南财经政法大学学报, 2018 (3): 150 – 157.

[51] 李惠梅, 张安录. 生态环境保护与福祉 [J]. 生态学报, 2013 (3): 825 – 833.

[52] 李剑. 基本公共服务评价指标体系研究 [J]. 商业研究, 2011 (5): 46 – 56.

[53] 李瑾, 郭美荣, 马晨. 基于信息化的农村通信市场发展策略研究 [J]. 中国软科学, 2012 (11): 11 – 18.

[54] 李容. 中国农业科研公共投资研究 [M]. 北京: 中国农业出版社, 2003.

[55] 李树, 陈刚.《关系》能否带来幸福? ——来自中国农村的经验证据 [J]. 中国农村经济, 2012 (8): 66 – 78.

[56] 李顺毅. 财政透明度对城镇居民幸福感的影响——基于中国劳动力动态调查的实证分析 [J]. 云南财经大学学报, 2017 (4): 73 – 85.

[57] 李欣, 杨朝远, 曹建华. 网络舆论有助于缓解雾霾污染吗? ——兼论雾霾污染的空间溢出效应 [J]. 经济学动态, 2017 (6): 45 – 57.

[58] 李银星. 吉林省农村居民生活质量评价研究 [D]. 吉林: 吉林大学, 2006.

[59] 李燕凌, 欧阳万福. 县乡政府财政支农支出效率的实证分析 [J]. 经济研究, 2011 (10): 110 – 149.

[60] 刘海二. ICT, Financial Inclusion and Economic Growth, 信息通讯技术、金融包容与经济增长 [J]. 金融论坛, 2014 (8): 65 – 74.

[61] 刘军强, 熊谋林, 苏阳. 经济增长时期的国民幸福感——基于

CGSS 数据的追踪研究 [J]. 中国社会科学, 2012 (12): 82 - 102.

[62] 刘璞. 退耕还林前后农户福祉状态变化研究——可行能力分析法在陕北地区的应用 [D]. 杨凌: 西北农林科技大学, 2017.

[63] 刘生龙, 周绍杰. 基础设施的可获得性与中国农村居民收入增长——基于静态和动态非平衡面板的回归结果 [J]. 中国农村经济, 2011 (1): 27 - 36.

[64] 刘生龙, 张晓明, 杨竺松. 互联网使用对农村居民收入的影响 [J]. 数量经济技术经济研究, 2021 (4): 103 - 119.

[65] 刘玮琳. 中国农村公共服务的减贫效应研究 [D]. 北京: 中国农业科学院, 2019.

[66] 刘晓倩. 中国农村居民互联网使用及其对收入的影响研究 [D]. 北京: 中国农业大学, 2018.

[67] 刘晓倩, 韩青. 农村居民互联网使用对收入的影响及其机理——基于中国家庭追踪调查 (CFPS) 数据 [J]. 农业技术经济, 2018 (9): 123 - 134.

[68] 柳松, 魏滨辉, 苏柯雨. 互联网使用能否提升农户信贷获得水平——基于 CFPS 面板数据的经验研究 [J]. 经济理论与经济管理, 2020 (7): 58 - 72.

[69] 卢洪友, 刘丹. 贫困地区农民真的从 "新农合" 中受益了吗? [J]. 中国人口·资源与环境, 2016 (2): 66 - 75.

[70] 卢淑华, 韦鲁英. 生活质量主、客观指标作用机制研究 [J]. 中国社会科学, 1992 (1): 121 - 136.

[71] 鲁元平, 王军鹏. 数字鸿沟还是信息福利——互联网使用对居民主观福利的影响 [J]. 经济学动态, 2020 (3): 59 - 73.

[72] 罗楚亮. 绝对收入、相对收入与主观幸福感——来自中国城乡住户调查数据的经验分析 [J]. 财经研究, 2009 (11): 79 - 91.

[73] 罗楚亮. 收入增长与主观幸福感增长 [J]. 产业经济评论, 2017 (2): 5-22.

[74] 马大来. 中国区域碳排放效率及其影响因素的空间计量研究 [D]. 重庆: 重庆大学, 2015.

[75] 马万超, 王湘红, 李辉. 收入差距对幸福感的影响机制研究 [J]. 经济学动态, 2018 (11): 74-87.

[76] 马军旗, 乐章. 互联网使用对农村居民幸福感的影响研究 [J]. 调研世界, 2019 (8): 9-15.

[77] 摩尔. 伦理学原理 [M]. 上海: 上海人民出版社, 2005.

[78] 年猛. "十四五" 农村就业创业的战略思路与政策 [J]. 中国劳动关系学院学报, 2020 (5): 117-124.

[79] 牛千. 福祉指数指标体系构建与应用研究 [D]. 济南: 山东大学, 2018.

[80] 努斯鲍姆. 寻求有尊严的生活: 正义的能力理论 [M]. 北京: 中国人民大学出版社, 2016.

[81] 努斯鲍姆. 女性与人类发展: 能力进路的研究 [M]. 北京: 中国人民大学出版社, 2020.

[82] 钱颖一. 现代经济学与中国经济改革 [M]. 北京: 中国人民大学出版社, 2003.

[83] 钞小静, 任保平. 中国经济增长质量的时序变化与地区差异分析 [J]. 经济研究, 2011 (4): 26-40.

[84] 全面建设小康社会统计监测课题组. 2007 年中国全面建设小康社会进行检测报告 [J]. 统计研究, 2009 (1): 5-9.

[85] 任晓红, 但婷, 侯新烁. 农村交通基础设施建设的农民增收效应研究——来自中国西部地区乡镇数据的证据 [J]. 西部论坛, 2018 (5): 37-49.

[86] 邵帅, 李欣, 曹建华. 中国雾霾污染治理的经济政策选择——基于空间溢出效应的视角 [J]. 经济研究, 2016 (9): 73-88.

[87] 申云, 李京蓉. 我国农村居民生活富裕评价指标体系研究——基于全面建成小康社会的视角 [J]. 调研世界, 2020 (1): 42-50.

[88] 沈能, 赵增耀. 农业科研投资减贫效应的空间溢出与门槛特征 [J]. 中国农村经济, 2012 (1): 70-96.

[89] 师荣蓉, 徐璋勇, 赵彦嘉. 金融减贫的门槛效应及其实证检验——基于中国西部省际面板数据的研究 [J]. 中国软科学, 2013 (3): 32-41.

[90] 施炳展. 互联网与国际贸易——基于双边双向网址链接数据的经验分析 [J]. 经济研究, 2016 (5): 172-187.

[91] 史丹, 陈素梅. 公众关注度与政府治理污染投入: 基于大数据的分析方法 [J]. 当代财经, 2019 (3): 3-13.

[92] 宋林, 何洋. 互联网使用对中国农村劳动力就业选择的影响 [J]. 中国人口科学, 2020 (3): 61-74.

[93] 苏岚岚, 孔荣. 互联网使用促进农户创业增益了吗?——基于内生转换回归模型的实证分析 [J]. 中国农村经济, 2020 (2): 62-80.

[94] 苏振华, 黄外斌. 互联网使用对政治信任与价值观的影响: 基于 CGSS 数据的实证研究 [J]. 经济社会体制比较, 2015 (5): 113-126.

[95] 孙志燕, 侯永志. 对我国区域不平衡发展的多视角观察和政策应对 [J]. 管理世界, 2019 (8): 1-8.

[96] 檀学文, 吴国宝. 福祉测量理论与实践的新进展——"加速城镇化背景下福祉测量及其政策应用"[J]. 中国农村经济, 2014 (9): 87-96.

[97] 唐娟莉. 中国农村公共品供给水平评价 [J]. 技术经济, 2016 (1): 92-96.

[98] 唐飞鹏. 地方税收竞争、企业利润与门槛效应 [J]. 中国工业经济, 2017 (7): 99-117.

[99] 田国强, 杨立岩. 对"幸福—收入之谜"的一个解答 [J]. 经济研究, 2006 (11)：4 – 15.

[100] 田建国. 基于地理空间效应的中国特色分权对能力福祉的影响 [D]. 北京：北京师范大学, 2019.

[101] 田建国, 庄贵阳, 朱庄瑞. 新时代中国人类福祉的理论框架和测量 [J]. 中国人口·资源与环境, 2019 (12)：9 – 18.

[102] 汪卫霞. 农业信息化：中国农业经济增长的新动力 [J]. 学术月刊, 2011 (5)：76 – 86.

[103] 汪小勤, 吴士炜. 中国城市的社会福利状况及其影响因素——以 289 个地级市为例 [J]. 城市问题, 2016 (9)：11 – 57.

[104] 王国新. 城市生活品质客观评价指标体系构建与运用——基于杭州和南京的比较研究 [J]. 经济地理, 2009 (9)：1481 – 1486.

[105] 王圣云. 福祉地理学中国区域发展不平衡研究 [M]. 北京：经济科学出版社, 2011.

[106] 王圣云, 翟晨阳, 罗颖, 谭嘉玲. 基于"功能——能力"框架的中国多维福祉测评及区域均衡分析 [J]. 地理科学, 2018 (12)：2031 – 2039.

[107] 王小华, 温涛, 韩林松. 习惯形成与中国农民消费行为变迁：改革开放以来的经验验证 [J]. 中国农村经济, 2021 (2)：42 – 58.

[108] 魏后凯. 中国农村全面建成小康社会进程评估 [J]. 学术前沿, 2016 (9)：141 – 148.

[109] 魏后凯. "十四五"时期中国农村发展若干重大问题 [J]. 中国农村经济, 2020 (1)：2 – 16.

[110] 温涛, 何茜, 王煜宇. 改革开放 40 年中国农民收入增长的总体格局与未来展望 [J]. 西南大学学报 (社会科学版), 2018 (44)：43 – 55.

[111] 乌家培. 关于网络经济与经济治理的若干问题 [J]. 当代财

经, 2001 (7): 3-7, 80.

[112] 吴丰华, 白永秀, 吴振磊. 中国省域城乡社会一体化的空间差异与时序变化 [J]. 中国软科学, 2015 (3): 135-149.

[113] 吴国宝. 福祉测量: 理论、方法与实践 [M]. 北京: 东方出版社, 2014.

[114] 吴国宝. 改革开放40年中国农村扶贫开发的成就及经验 [J]. 南京农业大学学报 (社会科学版), 2018 (18): 17-30.

[115] 吴士炜, 汪小勤. 中国土地财政的社会福利效应——基于森 (sen) 的可行能力理论 [J]. 经济理论与经济管理, 2016 (4): 77-86.

[116] 夏伦. 流动人口收入与主观幸福感的关系研究——基于北京市流动人口的调查数据 [J]. 西华大学学报 (哲学社会科学版), 2014 (33): 101-107.

[117] 肖瑜. 恩施州农业信息化对农民增收的影响研究 [D]. 武汉: 中南民族大学, 2013.

[118] 谢秋山, 陈世香. 中国农民公共就业服务政策演变的逻辑、趋势与展望 [J]. 中国农村经济, 2021 (2): 42-58.

[119] 谢识予, 娄伶俐, 朱弘鑫. 显性因子的效用中介、社会攀比和幸福悖论 [J]. 世界经济文汇, 2010 (4): 19-32.

[120] 邢占军. 幸福指数的指标体系构建与追踪研究 [J]. 数据, 2006 (8): 10-12.

[121] 邢占军. 公共政策导向的生活质量评价研究 [M]. 济南: 山东大学出版社, 2011.

[122] 徐曼, 柴云, 李涛, 等. 城乡居民幸福感影响因素多重线性回归和路径分析 [J]. 中国健康心理学杂志, 2015 (12): 1823-1828.

[123] 徐晓昱. 收入和收入公平感对主观幸福感的影响研究 [D]. 北京: 首都经济贸易大学, 2016.

[124] 许海平, 张雨雪, 傅国华. 绝对收入、社会阶层认同与农村居民幸福感——基于 CGSS 的微观经验证据 [J]. 农业技术经济, 2020 (11): 56 - 71.

[125] 许宪春, 郑正喜, 张钟文. 中国平衡发展状况及对策研究——基于"清华大学中国平衡发展指数"的综合分析 [J]. 管理世界, 2019 (5): 15 - 28.

[126] 许宪春, 任雪, 汤美微. 关于中国平衡发展指数指标体系的构建 [J]. 统计研究, 2020 (2): 3 - 14.

[127] 许竹青, 郑风田, 陈洁. "数字鸿沟"还是"信息红利"? 信息有效供给与农民销售价格——一个微观角度的实证研究 [J]. 经济学 (季刊), 2013 (3): 1513 - 1536.

[128] 宣烨, 余泳泽. 公共支出结构、公共服务与居民幸福感 [J]. 劳动经济研究, 2016 (5): 96 - 119.

[129] 杨爱婷, 宋德勇. 中国社会福利水平的测度及对低福利增长的分析 [J]. 数量经济技术经济, 2012 (11): 3 - 17.

[130] 杨京英, 何强, 于洋. OECD 生活质量指数统计方法与评价研究 [J]. 统计研究, 2012 (12): 16 - 23.

[131] 杨娟, 赖德胜, 邱牧远. 如何通过教育缓解收入不平等? [J]. 经济研究, 2015 (9): 86 - 99.

[132] 杨妮超, 顾海. 互联网使用、非正式社会支持与农民健康——基于中国家庭追踪调查数据 [J]. 农村经济, 2020 (3): 127 - 135.

[133] 杨钋, 徐颖. 信息资本与家庭教育选择: 来自中国的证据 [J]. 华东师范大学学报 (教育科学版), 2020 (11): 39 - 55.

[134] 杨汝岱, 陈斌开, 朱诗娥. 基于社会网络视角的农户民间借贷需求行为研究 [J]. 经济研究, 2011 (11): 116 - 129.

[135] 杨晓军, 陈浩. 中国城乡基本公共服务均等化的区域差异及收敛

性 [J]. 数量经济技术经济研究, 2020 (12): 127 - 145.

[136] 杨小凯, 张永生. 新兴古典经济学与超边际分析 [M]. 北京: 社会科学文献出版社, 2003.

[137] 杨永恒, 胡鞍, 钢张宁. 基于主成分分析法的人类发展指数替代技术 [J]. 经济研究, 2005 (7): 4 - 17.

[138] 叶初升, 张凤华. 政府减贫行为的动态效应——中国农村减贫问题的 SVAR 模型实证分析 (1990 - 2008) [J]. 中国人口·资源与环境, 2011 (9): 123 - 131.

[139] 奕文敬, 孙欢, 宋媛媛, 等. 农村养老保险覆盖面投入产出效率评估与影响因素分析——基于 DEA 与 Tobit 两步法 [J]. 华中农业大学学报, 2013 (1): 84 - 89.

[140] 张京京, 刘同山. 互联网使用让农村居民更幸福吗?——来自 CFPS2018 的证据 [J]. 东岳论丛, 2020 (9): 172 - 179.

[141] 张景娜, 张雪凯. 互联网使用对农地转出决策的影响及机制研究——来自 CFPS 的微观证据 [J]. 中国农村经济, 2020 (3): 57 - 77.

[142] 张军, 周黎安. 为增长而竞争: 中国增长的政治经济学 [M]. 上海: 上海人民出版社, 2008.

[143] 张梁梁, 杨俊. 社会资本与居民幸福感: 基于中国式分权的视角 [J]. 经济科学, 2015 (6): 65 - 77.

[144] 张彤进, 万广华. 机会不均等、社会资本与农民主观幸福感——基于 CGSS 数据的实证分析 [J]. 上海财经大学学报, 2020 (5): 95 - 109.

[145] 张旭亮, 史晋川, 李仙德, 张海霞. 互联网对中国区域创新的作用机理与效应 [J]. 经济地理, 2017 (12): 129 - 137.

[146] 张学志, 才国伟. 收入、价值观与居民幸福感——来自广东成人调查数据的经验证据 [J]. 管理世界, 2011 (9): 63 - 73.

[147] 张永丽, 徐腊梅. 互联网使用对西部贫困地区农户家庭生活消费

的影响？——基于甘肃省 1735 个农户的调查 [J]. 中国农村经济, 2019 (2): 42-59.

[148] 张宇燕, 方建春. GDP 与 IWI: 核算体系与人类福祉 [J]. 经济学动态, 2020 (9): 15-29.

[149] 郑思齐, 万广华, 孙伟增, 罗党论. 公众诉求与城市环境治理 [J]. 管理世界, 2013 (6): 72-84.

[150] 赵士洞, 张永民. 生态系统与人类福祉——千年生态系统评估的成就、贡献和展望 [J]. 地球科学进展, 2006 (9): 895-902.

[151] 赵彦云, 李静萍. 中国生活质量评价、分析和预测 [J]. 管理世界, 2006 (3): 32-40.

[152] 中国社会科学院农村发展研究所课题组. 农村全面建成小康社会及后小康时期乡村振兴研究 [J]. 经济参考研究, 2020 (9): 27-40.

[153] 周广肃, 孙浦阳. 互联网使用是否提高了居民的幸福感——基于家庭微观数据的验证 [J]. 南开经济研究, 2017 (3): 18-33.

[154] 周长城, 柯燕. 客观生活质量研究: 现状与评价——以澳门特区为例 [M]. 北京: 社会科学文献出版社, 2001.

[155] 周长城, 等. 生活质量的指标构建及其现状评价 [M]. 北京: 经济科学出版社, 2009.

[156] 周江燕, 白永秀. 中国城乡发展一体化的时序变化和地区差异分析 [J]. 中国工业经济, 2014 (2): 5-17.

[157] 周晓时, 李谷成, 吴清华. 基础设施改善了农业技术效率吗？——基于异质性随机前沿模型 [J]. 农林经济管理学报, 2017 (2): 191-198.

[158] 臧敦刚, 余爽, 李后建. 公共服务、村庄民主与幸福感——基于民族地区 757 个行政村 31615 个农户的调查 [J]. 农业经济问题, 2016 (3): 79-87.

［159］朱建芳，杨晓兰．中国转型期收入与幸福的实证研究［J］．统计研究，2009（4）：7-12.

［160］邹文杰．医疗卫生服务均等化的减贫效应及门槛特征——基于空间异质性的分析［J］．经济学家，2014（8）：59-66.

［161］Aker J C. Dial "A" for agriculture: a review of information and communication technologies for agricultural extension in developing countries ［J］. Agricultural Economics, 2011, 42 (6): 631-647.

［162］Alkire S. Dimensions of human development ［J］. World Development, 2002, 30 (2): 181-205.

［163］Andrews F M, Withey S B. Modeling the psychological determinants of life quality ［J］. Social Indications Research, 1985, 16 (1): 1-34.

［164］Attewell P, Battle J. Home computers and school performance ［J］. The Information Society, 1999, 15: 1-10.

［165］Attewell P. The first and second digital divides ［J］. Sociology of Education, 2001, 74 (3): 252-259.

［166］Bartolini S, Sarracino F. Happy for how long? How social capital and economic growth relate to happiness over time ［J］. Ecological Economics, 2014, 108: 242-256.

［167］Bauernschuster S, Falck O, Woessmann L. Surfing alone? The internet and social capital: Evidence from an unforeseeable technological mistake ［J］. Journal of Public Economics, 2014, 117: 73-89.

［168］Becchetti L, Pelloni A, Rossetti F. Relational goods, sociability, and happiness ［J］. Kyklos, 2008, 61 (3): 343-363.

［169］Bjørnskov C. The multiple facets of social capital ［J］. European Journal of Political Economy, 2006, 22 (1): 22-40.

［170］Blanchflower D G, Oswald A J. Well-being over time in Britain and the USA [J]. Journal of Public Economics, 2004, 88 (7 – 8): 1359 – 1386.

[171] Bradburn N. The structure of psychological well-being [M]. Chicago: Aldine Pub. , 1969.

[172] Campbell A, Converse P E, Rodgers W L. The quality of American life: perceptions, evolutions, and satisfactions [M]. New York: Russell Sage Foundation, 1976.

[173] Case A C, Rosen H S, Hines J R. Budget spillovers and fiscal policy interdependence: Evidence from the states [J]. Journal of Public Economics, 1993, 52 (3): 285 – 307.

[174] Castells M. The urban question: a Marxist approach [M]. Cambridge, MA: MIT Press, 1977.

[175] Chen Y, Persson A. Internet use among young and older adults: relation to psychological well-being [J]. Educational Gerontology, 2002, 28 (9): 731 – 744.

[176] Cilesiz S. Educational computer use in leisure contexts: a phenomenological study of adolescents' experiences at internet cafés [J]. American Educational Research Journal, 2009, 46 (1): 232 – 274.

[177] Clark D A. Sen's capability approach and the many spaces of human well-being [J]. Journal of Development Studies, 2005, 41 (8): 1339 – 1368.

[178] Cohen R M, Campbell A, Converse P E, et al. The quality of American life: perceptions, evaluations, and satisfactions [J]. Contemporary Sociology, 1977, 6 (4): 489 – 490.

[179] Collins A L, Sarkisian N, Winner E. Flow and happiness in later life: an investigation into the role of daily and weekly flow experiences [J]. Journal of Happiness Studies, 2009, 10 (6): 703 – 719.

[180] Costa P T, McCrae R R. Influence of extraversion and neuroticism

on subjective well-being: happy and unhappy people [J]. Journal of Personality and Social Psychology, 1980, 38 (4): 668 – 678.

[181] Costa P T, Zonderman A B, McCrae R R, et al. Longitudinal analyses of psychological well-being in a national sample: Stability of mean levels [J]. Journal of Gerontology, 1987, 42 (1): 50 – 55.

[182] Courtois P, Subervie J. Farmer bargaining power and market information services [J]. American Journal of Agricultural Economics, 2015, 97 (3): 953 – 977.

[183] Cummins R A, Eckersley R, Pallant J, et al. Developing a National Index of Subjective Wellbeing: The Australian Unity Wellbeing Index [J]. Social Indicators Research, 2003, 64 (2): 159 – 190.

[184] Cuñado J, De Gracia F P. Does Education Affect Happiness? Evidence for Spain [J]. Social Indicators Research, 2012, 108 (1): 185 – 196.

[185] D'Ambrosio C, Frick J R. Individual well-being in a dynamic perspective [J]. Economical, 2012 (79): 284 – 302.

[186] Dagum C. A new approach to the decomposition of the Giniincome inequality ratio [J]. Empirical Economics, 1997 (4): 515 – 531.

[187] Deininger K, Jin S. The potential of land rental markets in the process of economic development: Evidence from China [J]. Journal of Development Economics, 2005, 78 (1): 241 – 270.

[188] Diener E. Subjective Well-being [J]. Psychological Bulletin, 1984 (95): 542 – 575.

[189] Diener E, Sapyta J, Suh E. Subjective well-being is essential to well-being [J]. Psychological Inquiry, 1998, 9 (1): 33 – 37.

[190] Diener E. Subjective well-being: The science of happiness and a proposal for a national index [J]. American Psychologist, 2000, 55 (1):

34 – 43.

[191] DiMaggio P, Bonikowksi B. Make Money Surfing the Web? The Impact of Internet Use on the Earnings of U. S. Workers [J]. American Sociological Review, 2008, 73 (2): 227 – 250.

[192] Easterlin R A. Will raising the incomes of all increase the happiness of all? [J]. Journal of Economic Behavior & Organization, 1995, 27 (1): 35 – 47.

[193] Easterlin R A. Explaining happiness [J]. Proceedings of the National Academy of Sciences, 2003, 100 (19): 11176 – 11183.

[194] Easterlin R A, McVey L A, Switek M. The happiness-income paradox revisited [J]. Proceedings of the National Academy of Sciences, 2010, 107 (52): 22463 – 22468.

[195] Elhorst J P. Matlab Software for Spatial Panels [J]. International Regional Science Review, 2014, 37 (3): 389 – 405.

[196] Engle G L. The need for a new medical model: a challenge for biomedicine [J]. Dimensions of Behavior, 1977 (196): 3 – 21.

[197] Ferrer-i-Carbonell A, Frijters P. How Important is Methodology for the estimates of the determinants of Happiness? [J]. Journal of Personality and Social Psychology, 2004, 114: 641 – 659.

[198] Freund C, Weinhold D. The Effect of the Internet on International Trade [J]. Journal of International Economics, 2004, 62 (1): 171 – 189.

[199] Frey B S, Stutzer A. Happiness and Economics: How the Economy and Institutions Affect Well-Being [J]. Journal of Institutional and Theoretical Economics, 2003, 159 (2): 435.

[200] Goyal A. Information, Direct Access to Farmers, and Rural Market Performance in Central India [J]. American Economic Journal: Applied Eco-

nomics, 2010, 2 (3): 22 - 45.

[201] Graham C, Nikolova M. Does access to information technology make people happier? Insights from well-being surveys from around the world [J]. The Journal of Socio-Economics, 2013, 44: 126 - 139.

[202] Hansen B E. Threshold Effects in Non-dynamic Panels: Estimation, Testing, and Inference [J]. Journal of Econometrics, 1999, 93 (2): 345 - 368.

[203] Hawkes N. Happiness is U shaped, highest in the teens and 70s, survey shows [J]. Bmj British Medical Journal, 2012.

[204] Helliwell J F. How's life? Combining individual and national variables to explain subjective well-being [J]. Economic Modelling, 2003, 20 (2): 331 - 360.

[205] Itzhak Gilboa, David Schmeidler. Case-Based Decision Theory [J]. The Quarterly Journal of Economics, 1995, 110 (3): 605 - 639.

[206] J Varelius. Objective Explanations of Individual Well-being [J]. Happiness Studies, 2004, 5: 73 - 91.

[207] Jensen R. The digital provide: Information (technology), market performance, and welfare in the South Indian Fisheries Sector [J]. Quarterly Journal of Economics, 2007, 122 (3): 879 - 924.

[208] Jinqi Z, Xiaoming H, Banerjee I. The Diffusion of the Internet and Rural Development [J]. Convergence: The International Journal of Research into New Media Technologies, 2006, 12 (3): 293 - 305.

[209] Kahneman D, Krueger A B. Developments in the Measurement of Subjective Well-Being [J]. Journal of Economic Perspectives, 2006, 20 (1): 3 - 24.

[210] Kraut R, Patterson M, Lundmark V, et al. Internet paradox: A

social technology that reduces social involvement and psychological well-being? [J]. American Psychologist, 1998, 53 (9): 1017 – 1031.

[211] Kraut R, Burke M. Internet Use and Psychological Well-being: Effects of Activity and Audience [J]. Communications of the ACM, 2015, 58 (12): 94 – 100.

[212] Krishnakumar J. Going beyond functionings to capabilities: An econometric model to explain and estimate capabilities [J]. Journal of Human Development, 2007, 7: 39 – 63.

[213] Lelli S. Using Functionings to Estimate Equivalence Scales [J]. Review of Income and Wealth, 2005, 51 (2): 255 – 284.

[214] Lesage J P. An Introduction to Spatial Econometrics [J]. Revue d'économie industrielle, 2008 (123): 513 – 514.

[215] Leung L, Lee P S N. Multiple determinants of life quality: the roles of Internet activities, use of new media, social support, and leisure activities [J]. Telematics and Informatics, 2005, 22 (3): 161 – 180.

[216] Liu J, Mukherjee J, Hawkes J J, et al. Optimization of lipid production for algal biodiesel in nitrogen stressed cells of Dunaliella salina using FT-IR analysis [J]. Journal of Chemical Technology & Biotechnology, 2013, 88 (10): 1807 – 1814.

[217] Lucas R E, Clark A E, Georgellis Y, et al. Reexamining adaptation and the set point model of happiness: Reactions to changes in marital status [J]. Journal of Personality and Social Psychology, 2003, 84 (3): 527 – 539.

[218] Lykken D, Tellegen A. Happiness Is a Stochastic Phenomenon [J]. Psychological Science, 1996, 7 (3): 186 – 189.

[219] Mackerron G. Happiness Economics From 35000 Feet [J]. Journal of Economic Surveys, 2012, 26 (4): 705 – 735.

［220］ Madden G, Savage S J. CEE telecommunications investment and economic growth ［J］. Information Economics and Policy, 1998, 10 (2): 173 - 195.

［221］ Matanda M, Jevemy V B, Phillips J G. Internet Use in Adulthood: Loneliness, Computer Anxiety and Education ［J］. Behaviour Change, 2004, 21 (2): 103 - 114.

［222］ Mechanic D, Bradburn N M. The Structure of Psychological Well-Being ［J］. American Sociological Review, 1970, 35 (5): 948.

［223］ Michalos A C, Zumbo B D, Hubley A. Health and the Quality of Life ［J］. Social Indicators Research, 2000, 51 (3): 245 - 286.

［224］ Myers D G. The Pursuit of Happiness ［M］. New York: Avon, 1992.

［225］ Nakasone E, Torero M, Minton B. The Power of Information: The ICT Revolution in Agricultural Development ［J］. Annual Review of Resource Economics, 2014, 6 (1): 533 - 550.

［226］ Ng Y K. Happiness Surveys: Some Comparability Issues and An Exploratory Survey Based on Just Perceivable Increments ［J］. Social Indicators Research, 1996, 38 (1 - 2): 1 - 27.

［227］ Nie P, Sousa-Poza A, Nimrod G. Internet Use and Subjective Well-Being in China ［J］. Social Indicators Research, 2017, 132 (1): 489 - 516.

［228］ Penard T, Poussin N. Internet Use and Social Capital: The Strength of Virtual Ties ［J］. Journal of Economic Issues, 2010, 44 (3): 569 - 595.

［229］ Penard T, Poussin N, Suire R. Does the Internet Make People Happier? ［J］. SSRN Electronic Journal, 2011.

［230］ Ram R. Government Spending and Happiness of the Population: Additional Evidence from Large Cross-Country Samples ［J］. Public Choice,

2009, 138 (3): 483 – 490.

[231] Roodman D. Fitting Fully Observed Recursive Mixed-process Models with cmp [J]. The Stata Journal, 2011, 11 (2): 159 – 206.

[232] Sabatini F, Sarracino F. Online Networks and Subjective Well-Being: Online networks and subjective well-being [J]. Kyklos, 2017, 70 (3): 456 – 480.

[233] Sen A K. Inequality Reexamined [M]. US: Oxford University Press, 1992.

[234] Sen A K. Development as Freedom [M]. US: Oxford University Press, 2001.

[235] Sen A K. Capabilities, Lists, and Public Reason: Continuing the Conversation [J]. Feminist Economics, 2004, 10 (3): 77 – 80.

[236] Shapira N, Barak A, Gal I. Promoting older adults' well-being through Internet training and use [J]. Aging & Mental Health, 2007, 11 (5): 477 – 484.

[237] Smith, Courtland L, Clay, Patricia M. Measuring Subjective and Objective Well-being: Analyses from Five Marine Commercial Fisheries [J]. Human Organization, 2010, 69 (2): 156 – 168.

[238] Stenberg P, Morehart M, Vogel S, Cromeartie J, Breneman V, Brown D. Broadband Internet's value for rural America [R]. USDA-Economic Research Report No. 78, 2009.

[239] Stone A A, Schwartz J E, Broderick J E, et al. A snapshot of the age distribution of psychological well-being in the United States [J]. Proceedings of the National Academy of Sciences, 2010, 107 (22): 9985 – 9990.

[240] Svensson J, Yanagizawa D. Getting Prices Right: The Impact of the Market Information Service in Uganda [J]. Journal of the European Economic

Association, 2009, 7 (2 - 3): 435 - 445.

[241] Tella R D, MacCulloch R J, Oswald A J. The macroeconomics of happiness [J]. Review of Economics and Statistics, 2003, 85 (4): 809 - 827.

[242] Tideman S G. Gross national happiness: towards buddhist economics [J]. Centre for Bhutan Studies, 2001 (1): 70 - 79.

[243] Tommaso. Measuring the well-being of children using a capability approach an application to Indian data [R]. Working Papers. Department of Economics "Cognetti de Martiis" and CHILD, University of Turin, 2006.

[244] Uhlaner C J. "Relational goods" and participation: Incorporating sociability into a theory of rational action [J]. Public Choice, 1989, 62 (3): 253 - 285.

[245] Wang Q. Fixed-effect panel threshold model using stata [J]. Stata Journal, 2015, 15: 121 - 134.

[246] Ward D M. Happiness and life satisfaction predicted by social media use in adults with autism spectrum disorder [D]. Fielding Graduate University, 2016.

[247] Whitacre B, Gallardo R, Stover S. Broadbands contribution to economic growth in rural areas: Moving towards a causal relationship [J]. Telecommunications Policy, 2014, 38 (11): 1011 - 1023.

[248] Wilson W R. Correlates of avowed happiness [J]. Psychological Bulletin, 1967, 67 (4): 294 - 306.

[249] Xia J. Linking ICTs to rural development: China's rural information policy [J]. Government Information Quarterly, 2010, 27 (2): 187 - 195.